JN296455

日米安保クライシス

丸山眞男vs.岸信介

大川隆法

RYUHO OKAWA

本霊言は、2010年4月21日(写真上・下)、幸福の科学総合本部にて、
質問者との対話形式で公開収録された。

まえがき

昨夏の自民党から民主党への政権交代を経て、現在の日本は、「日米安保クライシス（危機）」のまっただ中にいる。

昨年の五月、この政権交代は、「亡国《ぼうこく》の選択」であり、「国難迫《こくなんせま》る」と感知して、私は『幸福実現党』を立ち上げ総選挙に挑《いど》んだ。まるで風車《ふうしゃ》に向かって、槍《やり》を携《たずさ》えて突っ込んでゆくドンキホーテのようであったと思う。

その一年後の今、私や幸福実現党の予言的主張は、現実問題として着々と進行しつつある。

戦後政治を本当の意味で総決算するつもりで、五十年前の「六〇年安保」で対決した両雄《りょうゆう》、政治学者・丸山眞男《まさお》と元首相・岸信介《のぶすけ》の霊言対決《れいげんたいけつ》を試みた。多くは語るまい。ただ読んで下されば、真実とは何かが見えてくることだろう。

二〇一〇年　四月末

国師《こくし》　大川隆法《おおかわりゅうほう》

日米安保クライシス　目次

第2章　この国の未来のために信念を貫《つらぬ》け

二〇一〇年四月二十一日　岸信介の霊示

第1章

安保《あんぽ》闘争《とうそう》の理論的リーダーの末路

二〇一〇年四月二十一日　丸山眞男の霊示

丸山眞男《まるやままさお》（一九一四～一九九六）

日本の政治学者。東京大学教授を務め、左翼《さよく》の論客として一九六〇年の安保闘争《あんぽとうそう》の理論的リーダーでもあった。弟子《でし》たちは丸山学派と呼ばれている。

［質問者三名は、それぞれA・B・Cと表記］

1 「六〇年安保」を闘《たたか》った二人の人物

安保闘争《あんぼとうそう》の理論的リーダーだった丸山眞男

大川隆法　最初に私のほうから簡単に趣旨《しゅし》を述べておきます。

時代的には少し前になるので、今の世代の人から見ると、もう戦後日本史の領域に入っているかと思いますけれども、現在の政治状況《じょうきょう》下で、「日米安保《あんぽ》」が大きくクローズアップされています。また、「外交問題をどうするか」ということは国の大きな選択《せんたく》かと思います。

そして、「安保は是《ぜ》か非か」ということを考えるに当たって、その原点を探ると、どうしても、政治学者の丸山眞男と、元首相の岸信介《きしのぶすけ》の名が出てくるのです。

安保闘争《とうそう》には「六〇年安保」と「七〇年安保」とがありましたけれども、安保闘争の理論的リーダーだったのが、当時、東京大学の政治学者だった丸山眞男なのです。この人が、戦後民主主義の旗手のようなかたちで、戦後のオピニオンリーダーを張っていました。

当時は、日本が戦争で敗北したあとでもあったので、もちろん、天皇制や右翼《うよく》などを批判するのが言論の主流でした。そのため、インテリというのは、だいたい左翼のことであり、いわゆる「朝日・岩波文化人」のことをインテリと称《しょう》していた時代です。

そうした世界で活躍《かつやく》していたのが丸山眞男です。

私が東大に入ったころには、すでに丸山眞男は定年を十年近く残して東大を去っていました。早めに大学を辞《や》めた理由としては、安保闘争で敗れたこともあるでしょうし、病気で体を痛めたこともあるのでしょう。

私が入学したのは彼が去ったあとですが、東大の本郷のほうでは、丸山眞男のお弟子《でし》さんたちが多く、教授陣《じん》は、だいたい丸山学派で固まっていたので、丸山眞男がいたころの雰囲気《ふんいき》も伝わっていました。

教授等が丸山眞男の話をするときには、中空《ちゅうくう》を見て、何か恋人《こいびと》でも思い浮かべているような、うっとりとした感じで、語っていたことを、今でも覚えています。

最近、自民党をお騒がせしている舛添要一《ますぞえよういち》氏とか、私とかは、だいたい丸山眞男の孫弟子ぐらいの世代に当たります。

ただ、私はそうですし、舛添氏もそうだと思いますが、本郷の、やや左翼よりの政治学とは、距離《きょり》を取っていたほうだと思います。多くの人が丸山眞男を崇拝《すうはい》しているなかで、私自身は、「どうしても、もう一つ乗れない」という感じを持っていました。それを今でも覚えています。

ただ、「戦後、東大の政治学を社会科学にまで高めたのは丸山眞男だ」というようなことが言われていましたし、彼は欧米《おうべい》にも知られている学者でした。

以前、サルトルとボーボワールが一緒《いっしょ》に日本に来て、日比谷公会堂で講演をしたことがあります。当時、日比谷公会堂の収容人数二千人に対し、申し込《こ》みが三万人もあったようで、すごい人気でした。

そのサルトルが、名指しで、「日本で会いたい学者は丸山眞男ただ一人だ」というようなことを言ったそうです。

サルトルはフランス人ですが、毛沢東《もうたくとう》革命をかなり持ち上げていたので、そういう思想傾向《けいこう》のあった人ではありません。

日米安保を護《まも》った「信念の人」、岸信介

一方、岸信介のほうは、民法学者の我妻榮《わがつまさかえ》と旧制一高で同級生でした。この二人は東大法学部の「伝説の秀才《しゅうさい》」です。岸と我妻は一高時代にトップを争い、「平均点八九・一で歴代のレコードをつくった」ということが有名です。

その旧制一高は現在の東大の教養学部に当たるので、私は、東大に入ったときに、文Iの教養学部で、この歴代レコードである「八九・一」という点数を超《こ》えることを目標にして勉強しましたが、なかなか大変だったことを覚えています。平均点が

五〇点あれば専門学部に進学できるので、「八九・一」というのは、かなり高い点数です。これを一つの目標にして勉強していたわけです。

「丸山眞男」対「岸信介」は、いちおう後輩《こうはい》と先輩に当たるのでしょうが、日米安保に関しては、理論的にぶつかっています。

岸のほうは、六〇年安保のとき、十万人ぐらいの学生のデモ隊に首相官邸《かんてい》を囲まれました。警官隊が首相官邸を護《まも》っているなかで、警官から「お逃《に》げください」と言われるぐらいの状況でしたが、最後は、殺されることも覚悟《かくご》の上で、安保条約の自動継続《けいぞく》を護りました。

そのとき、弟の佐藤栄作《さとうえいさく》しか一緒にいなくて、二人で酒を飲みながら、「今日で死ぬのかなあ」というような感じでいたようです。そういう「信念の人」ではありました。

この人は、のちに腿《もも》を刺《さ》され、暗殺未遂《みすい》をされてもいます。

安保をめぐっては、そういう過去があります。

私にとっては一世代前の人たちではあるのですが、いちおう印象としては深いのです。

私は、この両者の霊《れい》に対して、いつものことながら、事前の根回しをしていないので、この場にお呼びしても、協力していただけるかどうかは分かりません。

あるいは、一蹴《いっしゅう》されてしまい、「おまえたちには関係のないことだ」と言われて終わりになる場合もあるかもしれないので、質問者には粘《ねば》っていただきたいとは思いますが、まずは試みてみましょう。

ここで戦後の総決算をして、未来における、新しい政治のあり方に迫《せま》ることができればよいと考えています。

2　丸山眞男の基本的思想とは

大川隆法　では、丸山眞男のほうからいきたいと思います。

（約十五秒間の沈黙《ちんもく》）

元東大政治学教授にして、安保闘争《あんぽとうそう》のリーダー、丸山眞男教授の霊《れい》よ、願わくば、幸福の科学に降りたまいて、われらに政治に関する指導をしたまえ。

丸山眞男の霊よ、願わくば、幸福の科学に来たまいて、われらを指導したまえ。

（約七秒間の沈黙）

丸山眞男　うん、うな、うん、うん、うん、うん、あっ、うん、はっ、うん、うん、うん、あっ、あっ、うー、丸山だが、誰《だれ》がわしを呼んでおるんだ？

丸山眞男は、いまだに自分の死に気づいていない

A――　丸山先生でいらっしゃいますか。

丸山眞男　ああ、そうだ。

A――　私《わたくし》は幸福の科学学園の〇〇と申します。今日《きょう》は、お話できまして、光栄でございます。

丸山眞男　うーん。うん。

Ａ――　丸山先生は、死後、時間がたっておりますが、今、どちらの世界におられますでしょうか。

丸山眞男　うーん、いやあ、君、変なことを、今、言わなかったか。うん？「死後、時間がたっていますが、どちらの世界に」とか、君、変なことを、今、言ったんじゃないか。

Ａ――　丸山先生は、一九九六年に、八十二歳《さい》でお亡くなりになりましたが。

丸山眞男　あー、いや、過去形で言われると困るんだけどなあ。今も一九九六年じゃないのか？

A――　今は二〇一〇年でございます。

丸山眞男　うーん。うーん。

A――　先生は九六年の八月十五日に亡くなっておられます。

丸山眞男　うーん、それは、君、冗談《じょうだん》がきついんじゃないか。八月十五日?

A――　ええ。

丸山眞男　終戦記念日?

A――　ええ。

丸山眞男　本当かね。

Ａ――　ガンで亡くなっておられます。

丸山眞男　いや、なんで？　私は生きてるんだよ。

Ａ――　先生は、ひょっとして、お亡くなりになったことを、ご存じない……。

丸山眞男　生き返ったのか？　生き返ったのかな。治療《ちりょう》がうまくいったか。

Ａ――　ご存じないのですね。

丸山眞男　手術でもされて、生き返ったのかなあ。ちょっと、記憶がぼんやりしていて……。まあ、病気をしてたのは覚えてるよ。うーん。だけど、君、ちょっと変なことを言う。君、ちょっと変わってるね。

A――　そうですか。

丸山眞男　君、変わってるよ、かなり。もうちょっと現実をしっかり見なきゃいけないよ。

天皇制を「無責任な体系」と見ている

A――　先生の思想は非常に影響を与えておりますが……。

丸山眞男　うん。

Ａ――　先生の思想は、一言で言って、どういうことでしょうか。

丸山眞男　いやあ、もう、それは、「民主主義っていうのは永久革命だ」と。ま、これだな。一言で言えば、そういうことになるな。簡単だろ。ハッハッハ。

Ａ――　先生は、生前、天皇制について、非常に批判的な立場をとられておりますが……。

丸山眞男　いやあ、そうだ。あれはおかしいよ、君。
　あれのおかげで、どれだけの人が亡くなったと思ってるんだよ。東京は大空襲《だいくうしゅう》を受け、原爆《げんばく》を二発落とされて、何百万もの人が亡くなって、日本はひどい目に遭《あ》ったよ。

だから、これは、やっぱり、日本の思想史のなかに、源流から間違《まちが》いがあったと見ている。基本的には天皇制を掲《かか》げて明治維新《めいじいしん》をやったけれども、その方法論のなかに誤りがあった。やっぱり、正々堂々と明治維新を起こすべきであって、「天皇制を掲げて戦う」という、ああいう卑劣《ひれつ》な戦い方をした結果、第二次大戦で、アメリカにあんな目に遭わされる結果になったんだな。

ただ、私は天皇制だけを批判してるわけじゃなくて、もちろん、アメリカの、何というか、攻撃的《こうげきてき》な戦争体質も嫌《きら》いだからね。アメリカとの同盟にも否定的であったから、まあ、けっこう中道《ちゅうどう》じゃないか。

A――　先生は、生前、天皇制に象徴《しょうちょう》される日本を、「無責任の体系」と呼んでおられましたけれども……。

丸山眞男　うん。そのとおりじゃないか。

A――　それは、「戦争の責任は天皇にある」ということでしょうか。

丸山眞男　天皇制は無責任体系そのものじゃないかな。天皇は国のトップなのに責任を取らないでいいんだろ？　そして、先の大戦で、あれだけの人が亡くなって終戦したのに、そのまま在位を続けてるんだろ？　こんなのは世の中にないよ。だから、そういうものを私は認めないね。

マルクス主義の「民衆による革命」という思想を支持していた

A――　生前、先生は、国家権力から、ある意味で非常に弾圧《だんあつ》されていましたけれども……。

丸山眞男　うん。

A――　そういった意味で……。

丸山眞男　それは嫌だったねえ。もう、本当に、特高《とっこう》とか、いろんなものが大学まで踏《ふ》み込《こ》んできて、いろいろと調べてくる感じだね。スパイがついてくる感じかな。思想犯の取り締《し》まりみたいなのは、本当に嫌なものだったねえ。

A――　先生は、「私はマルクス主義者ではない」とおっしゃっていましたが、思想の骨格を、かなりマルクス主義から借りておられるのではないかと思います。それに関しては、いかがでしょうか。

丸山眞男　いや、マルクス主義ではないが、まあ、政府を批判すれば、だいたい、そんなふうに見えてくるところが、どうしてもあるな。

マルクス主義には矛盾点《むじゅんてん》が幾《いく》つかあるように思うので、マルクス主義をそのまま認めているわけではないけれども、マルクス主義のなかにある民主主義的な考え方には共鳴はしていたね。

うーん、「民衆による革命」というか、「大衆による革命」は支持していたから、結果的には、ある意味では似てくるだろうな。

「政治は表の世界のもの、宗教は裏の世界のもの」と考えている

Ａ――　先生は、宗教については、どのような見解をお持ちでしょうか。

丸山眞男　まあ、儀式《ぎしき》・儀礼的なものとしては、存続してもいいかもしれないと思うけれども、近代の束縛《そくばく》というか、近代化の足かせになったのは事実だな。

Ａ――　「宗教が近代化の足かせになった」と。

丸山眞男　うん。啓蒙《けいもう》時代への足かせになったし、「宗教と戦うことで、啓蒙時代が訪《おとず》れ、近代・現代が開けてきて、科学時代がやってきた」ということだな。

A――　しかし、アメリカ、イギリスといった欧米《おうべい》諸国は、今でも宗教を尊重しております。その点については、いかがですか。

丸山眞男　歴史も伝統もある国々であるから、全体について、あれこれと批判したり論評したりするのは避《さ》けたいとは思うけれども、まあ、宗教の一側面として、道徳的な面も、あることはあるのでね。

キリスト教について述べると、キリスト教というのは、二千年続いた宗教であり、その内容が事実であれ、どうであれ、そんなことについては私は深入りはせんけれども、それを信仰《しんこう》するなかにだなあ、人間としての道徳的な面を指導するところがあれば、それについては、一部、社会的な機能があると思うし、まあ、人の心の慰《なぐさ》めぐらいにはなったんじゃないかな。

Ａ――　先生は、「宗教は公《おおやけ》の世界から隠《かく》れるべきである」というような言い方もされていましたけれども……。

丸山眞男　うん、少なくとも表の世界のもんじゃないよな。政治は表だが、宗教は裏だ。

Ａ――　そういった意味では、「日本でも、宗教は表から隠れるべきである」といった考え方ですか。

丸山眞男　実際、戦後、そうなったんじゃないのか？

だから、宗教は、政治の舞台《ぶたい》で表には出ないし、教育の世界でも表には出ない。宗教は裏の世界に生きているものであって、「個人が家庭のレベルぐらいで信仰する分には構わないし、日曜日に、会社などの所属団体を離《はな》れて、個人的に信仰し、ほかの者に害を与えない範囲内《はんいない》では構わない」と。まあ、そういうことかな。ま、「信教の自由」や「思想・信条の自由」はあるからね。何を思おうと、それは自由だろうけどね。

丸山眞男は、死後、地獄《じごく》に堕《お》ちている

A―― ただ、先生は、今でも、ご自分が亡くなったことをご存じないわけですけれども……。

丸山眞男 いや、それは、君、失礼だよ。そういう言い方をしちゃいけないよ。学生の分際《ぶんざい》で何を言ってるんだ。学生だろ？ 君。

Ａ――　私ですか？

丸山眞男　最近、入ったのか？

Ａ――　私は、もう卒業しております。

丸山眞男　ああ、卒業したの、君。そうだなあ、ちょっと老《ふ》けてるな（会場笑）。

Ａ――　ええ、ええ（笑）。

丸山眞男　ずいぶん留年したのかと思ったよ。そうかい。学生じゃないのか。

A――　学生ではありません。

丸山眞男　そうかい。社会人か？

A――　社会人です。

丸山眞男　あ、そうか。社会人で何してるんだって？　学園をやってるとか、さっき言わなかったか？

A――　学校法人の理事長をしております。

丸山眞男　ああ、若いのにねえ。

Ａ――　私も東京大学で政治学を専攻《せんこう》いたしました。

丸山眞男　ああ、そうかい。うーん。それでは、私が神様のように見えてることだろうねえ。

Ａ――　しかし、幸福の科学の教えによりますと、丸山先生は、死後、地獄界《じごくかい》に堕《お》ちていると……。

丸山眞男　おっとっとっと、君、そういうことを信じるのは江戸《えど》時代までの人間だよ。

君、現代人だろ、少なくとも。スーツと、それは革靴《かわぐつ》だろうが。革靴にスーツに、ネクタイをしているように見える。胸には、十字架《じゅうじか》ではないが、何かが光ってはおる（幸福の科学の宝具《ほうぐ》である「正心宝《しょうしんほう》」のこと）。君、格好を見ると、現代人らしいじゃないか。縄文《じょうもん》時代の人間じゃない。

そういう、「人が地獄に堕ちた」なんていうことを言ってもよかったのは、江戸時代までなんだよ。明治からあとは、言ったら恥《は》ずかしいんだよ。インテリは言っちゃいけないんだ。東京大学の卒業生なんか、そんなこと、絶対、言っちゃいけない。表社会では生きていられないよ、君。いいかい？　就職に不利になるぞ（会場笑）。

A――（笑）おかげさまで、就職というか、幸福の科学に〝出家〟しておりますけれども、先生の理論ですと、要するに、「社会に宗教は必要ない」ということですね。

丸山眞男　いや、「必要ない」とは言わん。趣味人《しゅみじん》が信仰するのは構わない。ただ、表立って、組織立って、人々を巻き込むのは、やっぱり、やめるべきだと思うな。

個人個人に良心や思想・信教の自由があることは認めるけどね。それを弾圧したら、人間として存立基盤《きばん》がなくなるから、それは認める。しかし、それは、あくまでも内心の自由であってね。

宗教が、組織立って、表立って出てくれば、やっぱり、これは一種の強制になってくるから、ほかの人の、ある意味での思想・信条の自由、あるいは信教の自由を、弾圧、抑圧《よくあつ》することにもなりかねないからね。

民主主義は投票で権力者の首が斬《き》れる「永久革命」

Ａ――　そうしますと、先生のおっしゃる「永久革命としての民主主義」とは、具体的には、何をすることですか。

丸山眞男　だから、権力者には、常に、民衆、大衆に対して、その権力を誇示《こじ》し、彼らを圧迫《あっぱく》する傾向《けいこう》があるわけですよ。歴史的には、圧政というものは、いつの時代にも、君、あるわけですよ。

ですから、それに対抗《たいこう》する手段として、一向一揆《いっこういっき》みたいなものしかないというのは、あまりにも哀《あわ》れだよな。「鉄砲《てっぽう》を持ち、刀を持ってる者を相手にして、鋤《すき》や鍬《くわ》で立ち上がって戦う」ってことは、実に苦しい苦しい戦いになる。そして、ほとんどの人が死ぬことになるね。

ところが、近・現代では、新しい政治システムが開発され、投票という制度によって、血を流すことなく、革命が常に行われるようになった。要するに、「民衆を不幸にする政権であれば、倒《たお》しても構わない」とされ、そういう革命が平和裡《へいわり》に行われるようになった。これで、人類の文明度というか、啓蒙度は、かなり進んだわけだな。

〝投票箱〟によって政権が変わるわけですから、これは、要するに、「投票によって、事実上の主権者の代行を委《ゆだ》ねられている総理大臣など、時の権力者の首が斬《き》れる」ということです。「庶民《しょみん》が、筵旗《むしろばた》を立て、鋤や鍬を提《さ》げて、永田町に押《お》しかけなくても、投票で首を斬れる」ということだから、これは「永久革命」だな。フランス革命みたいにギロチン台にかけなくてもいい。無血で永久革命が起こせる。これが投票型民主主義だな。だから、「永遠の革命が民主主義だ」と私は思っている。

A――「常に、権力に対して革命を起こし続ける」ということですね。

丸山眞男　権力を監視《かんし》しなきゃ駄目《だめ》だよ。権力を監視するのが、やはり、この投票型民主主義だろうし、そして、その権力を監視することが、やっぱり、われわれ政治学者やマスコミの使命だと思うな。

A――そうすると、「権力は常に悪を為《な》す」といった理解をしておられるのですか。

丸山眞男　その人自身は、いい人でも、優しい人でも、その人が権力の場に立てば、やはり、暴力装置を使うことができるからね。権力っていうのは軍隊や警察機構を使う。人々を生かすも殺すも自由で、「生殺与奪《せいさつよだつ》の権」を必ず握《にぎ》ることになる。だから、普段《ふだん》の日に会ったり、休日に会ったりしたら、どんなにいい人であっても、例えば、防衛大臣に就任すると、その人が命令をすれば、沖合《おきあ》いを航行してる外国船を砲撃《ほうげき》で沈《しず》めることもできるわけだし、市民運動をしている者を、「こんなのは国家内乱罪だ」と称《しょう》し、軍隊を出して鎮圧《ちんあつ》することだってできるわけですよ。だから、権力っていうのは、やっぱり、怖《こわ》いものですね。基本的に怖いものです。

A――　でも、それは、かなり先生の個人的な体験から来ているのではないですか。

丸山眞男　うん、まあ、それもあるけど、でも、実際、太平洋戦争をくぐった者として、君、権力を信じることはできないよ。軍部の独走、政治の独走、そして、お飾《かざ》りだけの天皇。

あの天皇が「戦争に反対した」なんて言ったって、元首であれば、本来、反対するなら止《と》めなきゃいけないのに、止めることもできない。そして、戦争が終わってもお構いなしで、そのまま居座って、生き延びている。

ところで、今、鳩山《はとやま》さんか？　鳩山家の坊《ぼっ》ちゃんが首相をしてるそうだけれども、何だか、あの天皇は鳩山みたいじゃないか。全部、「自分には関係ない」って言うんだろ？　そんな感じじゃないかな。

先の戦争での「日本の良い面」を認めない

A――　ただし、先の戦争では、日本には、「良いことをした」という面もあるかと思いますが。

丸山眞男　認めないね。私は、そんなものは認めない。それは認めないよ。国民を何百万人と死なし、原爆を落とされ、焼け野原になり、それから、女子供《おんなこども》をだいぶ死なせ、そして、中国大陸では残虐《ざんぎゃく》のかぎりを尽《つ》くし、東南アジアでは、爆撃はするわ、占領《せんりょう》はするわ、欧米が昔やったことかもしれないし、ヨーロッパがアフリカなんかにやったことをまねしたのかもしれないけれども、こんなのは人間のすることじゃないね。

A――　ただし、「日本の戦争によって、戦後、世界から植民地支配がなくなり、各国が独立した」ということもあります。

丸山眞男　いやあ、そんなのはね、インテリの考えることじゃないよ。頭の悪い右《う》翼《よく》の連中が思いついた、こじつけだよ。

君、それは結果論を言ってるだけで、そんなのは、たまたまさ。関係ないよ。日本なんかが戦わなくたって、時期が来たら独立したりしてるさ。人道主義が推し進められれば、必ずそうなるんだ。
そんなものに騙《だま》されるほど幼稚《ようち》じゃ駄目だ。
君、東京大学って嘘《うそ》だろう？　何言ってんだよ。東京大学じゃなくて、「東京にある大学」の学生かなんかじゃないか？　うん？

A――　まあ……。

丸山眞男　東大には、君みたいなばかは入らないんだよ。何言ってんだよ。

学問的に解明されていない「死後の世界」は信じていない

A――　（笑）ただ、ご自分が亡くなったことも分からないのは、かなり問題だと思いますけど。

丸山眞男　うん？　亡くなったって？　君は私と対話してるんだろ？　対話してる相手に対して、「死人だ」って言う。これ、失礼だよ、君。それが分からないのか。

A――　でも、今が二〇一〇年であることは、ご存じですか。

丸山眞男　そんなの、分かるわけがない。君、それを言うのか。君は精神病院に行かなきゃいけない。君は自分が未来人だと言ってるわけだろ？

A――　先日、大川隆法総裁はマルクスの霊を呼び出されたのですが、マルクスの霊も、今のあなたと同じようなこと言っていました。

丸山眞男　ふーん。

Ａ――　マルクスも、自分が死んだことに気が付いていないようですけれども、あなたも、かなり似ているんです。

丸山眞男　マルクスが死んだことぐらいは、私は知ってるよ。歴史上、そうなってるよ。

Ａ――　では、あなたは、死後の世界というものは認めていたのですか。

丸山眞男　うん？

Ａ――　死後の世界。

丸山眞男　うーん、ま、学問的には解明されてないな。解明されてないものは、ないのと一緒《いっしょ》だ。

A——「死後の世界はない」と。

丸山眞男　あるかもしれないけど、どちらかといえば、「遺族の情緒的《じょうちょてき》な感情を護《まも》るために、仮想現実として、そういう世界があってもいい」というレベルの問題じゃないかな。

遺族にとっては、「亡くなった人に、もう会えない」ということは悲しいから、「霊界というものがあって、ときどきは、あの世に還《かえ》ったおじいさんやおばあさんに会える」とか、「死んだお父さんやお母さんに会える」とか、「お彼岸《ひがん》に会える」とか、「法事のときに来てくれる」とか、「自分も死んだら、あの世で会える」とか、そういうふうに思うのは肉親の情だよな。

その肉親の情を断《た》ち切ってしまうほど私は非情じゃないから、そこまでは言わない。「亡くなった者を偲《しの》ぶ者の感情を護る」という意味での高等な作法として、そういうものが仮定されても構わないとは思うけれども、現実問題としては、君、「学問的に検証できないものは認めない」というのが科学的態度ですよ。

Ａ――　そうすると、丸山先生は唯物論者《ゆいぶつろんしゃ》なのでしょうか。

丸山眞男　いや、別に唯物論者だとは言わないけど、私は、カント以来の哲学《てつがく》の流れに沿って、ものを考えているわけであり、どちらかといえば、それは「不可知論」のほうに近いかな。

だから、「明らかでないものについては、学問は立ち入らない」ということかな。「実験で明確に検証できるものについては、研究対象になるけれども、実験で分からないもの、魑魅魍魎《ちみもうりょう》については扱《あつか》わない」ということだね。

孔子《こうし》も、「怪力乱神《かいりょくらんしん》を語らず」と言っているように、「怪《あや》しげな幽霊《ゆうれい》や鬼《おに》などのようなものについては語らない」というのが、学者としての正しい態度だな。

A――　しかし、あなたの師匠《ししょう》である南原繁《なんばらしげる》先生は、クリスチャンであり、明確に信仰を持っておられましたが。

丸山眞男　まあ、それは趣味だから構わないさ。欧米は、それでもいいんじゃないか？　欧米は一等国だからね。日本は一等国じゃないから。天皇陛下を「生き神さん」として信じるなんて、これは後《おく》れた原始人の宗教だよ。とんでもないよ。

A――　そうですか。

私からは以上とさせていただきます。質問者を替《か》わらせていただきます。

丸山眞男　君、本当に卒業したのかい？　心配だなあ。

3 「現在の日本の政治」と「丸山理論」の関係

B――　幸福の科学大学を担当しております、○○と申します。

丸山眞男　知らんなあ。

B――　今、あの……。

丸山眞男　君ら、詐欺《さぎ》集団と違《ちが》うだろうね？

B――　いや……。

丸山眞男　おお？

B――　今は二〇一〇年です。間違《まちが》いはありません。それを丸山先生がご存じないだけです。

丸山眞男　うーん。

丸山理論を学んで「国家社会主義への道」を歩む民主党

B――　先ほど一言出ましたけれども、鳩山《はとやま》民主党について……。

丸山眞男　うん、ちょっとは知ってるよ。

B――　どのようにご覧になっているか、教えていただければと思います。

丸山眞男　ま、鳩山家は名家だからね。明治から続いているし、鳩山一郎《いちろう》も首相をしたしね。威一郎《いいちろう》さんも秀才《しゅうさい》だったし、その家系なんだろうと思うけど、なんか、最近、首相になっているという噂《うわさ》は聞いてるよ。

B――　民主党に仙谷由人《せんごくよしと》という特命担当大臣がいるのですが、この方については、ご存じありませんか。

丸山眞男　うーん。

B――　分かりました。その仙谷さんをはじめ、今、政権を取っている民主党では、先生の生前の著書もしくは考えを、かなり勉強しており、それによって、今、ある意味で、先生が批判された国家社会主義への道を歩んでいると……。

丸山眞男　国家社会主義？　うん？

Ｂ――　ええ、そういう方向でございます。ファシズムを批判された先生の、間接的ではありますが、弟子《でし》筋が、まさに、ファシズムを、あるいは国家社会主義を、つくっていこうとしている、この現状について、どのようにお考えでしょうか。

丸山眞男　君、まあ……。

Ｂ――　また、それに対する責任というものを、どうお考えでしょうか。

丸山眞男　まあ、ファシズムは、君、やっぱり、狂信者《きょうしんしゃ》がいなければいけないわけでね。だから、そのリーダーのなかに、狂信、妄信《もうしん》をしてる者が、やはりいないと、ファシズムとは言えないので、鳩山君がファシストというのは、君、いくらなんでも言いすぎなんじゃないか。うーん。

B――　しかし、国家的なもの、国家的な点を重視して、それこそ、先生がおっしゃっていたような、国家社会主義、ファシズム、そういう方向に言論を誘導《ゆうどう》しているところがあります。

丸山眞男　いや、それは、君、逆だろう。そちらに走っているのは、まあ、君たちのほうじゃないのか。うん?

B――　いえいえ、そうではありません。

丸山眞男　むしろ、君たちが、やりたがっているんじゃないか。それが世間的な常識じゃないか。

Ｂ――　これからの時代においては、そういう先生のお考えが、極《きわ》めて、この国を危うくしているということを申し上げたいと思うのですが、いかがでしょうか。

丸山眞男　だけど、アメリカは占領軍《せんりょうぐん》だよな？　沖縄戦《おきなわせん》で大勢の人が死に、南方戦線でも、たくさん死んだ。そして、戦後、何年たったか知らんけれども、いまだに日本にアメリカの軍隊があるんだろ？　基地があって、軍隊がある。占領状態が続いてるじゃないか。

こんな状態では、基地反対運動が起きたりするのは当たり前じゃないか。そんなの、当然の権利だよ。そう思うけどな。

B―― しかし、それによって、例えば、「欧米《おうべい》の植民地が、アジアにしてもアフリカにしても、独立していった」という経緯《けいい》があります。マイナスの面だけではなく、こういう功績も、一つのプラスの面として、きちんとあるわけです。そのへんについては、いかがでしょうか。

丸山眞男 君ねえ、やっぱり、まだ、天皇制ファシズムの意味が十分に分かってないんだよな。

だから、そういうものは、飾《かざ》りとして持ち上げられ、祀《まつ》り上げられて、あとは道具として使われちゃうんだよ。

本当は、悪いことを考えてるのは、その下にいるやつらなんだけどな。そいつらが、自分では責任を取らないようにするため、それを飾り立て、持ち上げてるように見せながら、自分らの権力のために使う。これが、ファシズムのよくあるスタイルだけどな。

ナチスについては、あとの侵略行為《しんりゃくこうい》を見れば、それは「悪い」と思ってた。「ヒトラーは悪い」と思ったし、彼が宗教的なものを利用してたのは分かってはいるよ。ムッソリーニなんかにも、そういう狂信者をつくりだすような傾向《けいこう》があるよな。だから、そういう、ファシズムの定義からいくと、民主党をファシズムのように言われても……。いや、ファシズム化する可能性があったのは自民党のほうで……。そういえば、何だか、ちょっと時代がおかしいなあ……。安倍《あべ》……、安倍……、安倍の息子《むすこ》か何かが、そういえば、最近、首相なんかしてたかな?

丸山眞男は地獄《じごく》で「病気をしているような状態」にある

Ｂ――　質問を変えさせていただきます。

丸山眞男　おお。

B――　昭和天皇について、先生は、どのようにご覧になっているのでしょうか。

丸山眞男　うーん。（約五秒間の沈黙《ちんもく》）

まあ、変な人生だっただろうねえ。この人の人生は屈折《くっせつ》しているね。戦前は、若くして「現人神《あらひとがみ》」として祀られ、「一億総玉砕《ぎょくさい》」の看板に使われたが、敗北して日本は占領され、マッカーサーの前に立たされた。ところが、処刑《しょけい》は免《まぬが》れて、戦後、日本は経済成長路線をまっしぐらに走り、その恩恵《おんけい》を受けて、権威《けんい》が復活した。

しかし、天皇制があるかぎり、本当の意味での民主主義は完成しないと思うんだよ。要するに、天皇は投票で選べないからね。

先ほど言ったように、民主主義は「永久革命」なんですから、投票によって時の権力者の首を挿《す》げ替《か》えられなければ、民主主義は完成しない。「天皇制だけは、そういう投票制の外にある」ということであれば、たとえ、今は飾《かざ》りになっていたとしても、いつ権力者になるか分からないわけだ。

また、先の大戦においては、天皇の名において戦争が行われたのは間違いないよ。実務は東條英機《とうじょうひでき》とかがやったかもしれないが、天皇の名において戦われたのは、やはり間違いない。

だから、「天皇を投票で選べない」ということは、要するに、昔で言えば、「悪王が出てきても、それを替えることはできない」ということだろ？　な？

「王様の下の議会のところだけを入れ替えられても、王様は替えられない」ということであれば、永久革命は完成しないから、悪王が暴虐《ぼうぎゃく》のかぎりを尽《つ》くしたら、もはや、どうにもならない。だから、民主主義の理論から見ると、やっぱり、天皇制の存在とは民主主義は合わない。

昭和天皇は、世間的には尊敬はされたんだろうとは思うけれども、やっぱり、人間であることは間違いないからね。どう見たって人間であることは間違いないんだから、人間として、やはり、「恥《は》ずかしい」という気持ちを持たなければいけないんじゃないかな。

B――　その昭和天皇は、れっきとした、正しい天皇として、高天原《たかまがはら》に還《かえ》られております（『明治天皇・昭和天皇の霊言《れいげん》』〔大川隆法著、幸福の科学出版刊〕参照）。

丸山眞男　いや（笑）、君、神話を信じてるのか。アハハハハハハ。古い人間だねえ。

B――　天上界《てんじょうかい》に還られております。

丸山眞男　でも、君は、さっきの〝学生〟とは違って、ちょっと、あれだなあ、いちおう、教授みたいな年格好はしてるな。

B――　私も団塊《だんかい》の世代でございます。

丸山眞男　ああ、そうかい。

B――　昭和天皇が天国に還られているのに、今、丸山先生がおられる所は、はっきり言って、天国ではありません。地獄《じごく》です。

丸山眞男　君、決めつけるな！　学問的に、それを証明してごらんよ。

私はしゃべってるんだから、「生きてる」ってことだよ。生きてる人間に対して、天国も地獄もないんだよ。何言ってるんだ、君。

それを情緒的《じょうちょてき》に言うのはいいよ。「私が幸福感に満ちているときには、私は天国にいる。私が不幸感に満ちているときには、地獄にいる」と言われれば分かるよ。だから、第二次大戦中、私は地獄にいたよ。そのとおりだ。でも、戦後は天国に還ったよ。まあ、でも、安保闘争《あんぽとうそう》のなかにいたときは地獄だったかもしれないけどね。

そういう意味だろ？

B――いえ、そうではありません。

丸山眞男　え、違うのか？

B――比喩《ひゆ》ではありません。

丸山眞男　うーん。

B――今、ここに来られる前には、ずっと意識がなかったのではありませんか。

丸山眞男　いや、意識はあったよ。

だから、まだ、ときどき、政治学の勉強をしとる。年は取ったから、体がちょっと弱ってはいるんだがな。まあ、病気をしてるので、毎日、授業したりするようなところまではいかないし、病床《びょうしょう》にあることは分かってるんだが、君、努力して政治学の勉強は続けておるんだよ。ときどき、政治については勉強しとるよ。うん。

「世論《せろん》が神である」と考える丸山理論

B――　それでは、三つ目の質問に入らせていただきます。

丸山眞男　うん。

B――　先生は日本の天皇制を批判しておられましたけれども……。

丸山眞男　うん、うん。

B――　欧米の国家元首などは、アメリカの大統領に象徴《しょうちょう》されるように、就任式などでは、たいてい、『聖書』に手を置いて、神に対する宣誓《せんせい》をしております。

丸山眞男　うーん。

B――　そういう意味において、宗教というものは、国家の背骨として、一流国に限らず、普通《ふつう》の国であれば、絶対に持っているものです。

先生は天皇制を否定なさいましたけれども、それに代わるものを何も所定してお られないがゆえに、唯物論《ゆいぶつろん》国家、あるいは無神論国家としての日本が、今、現れて きていると思います。その精神的荒廃《こうはい》という問題について、丸山先生は、いかにお考えでしょうか。

丸山眞男　それは、君、勘違《かんちが》いしてるんだよ。まだ君も勉強が足りてないなあ。民主主義っていうのは、要するに、主権者が国民だっていうことなんだよ。だから、民主主義っていうものの根本は、要するに、「国民」が神なんだよ。「国民が神」と言うと、日本の国民は一億以上いるので、一億も神がいたら大変だし、「八百万《やおよろず》の神々」より多くなるから、あれだけれども、「国民が神」というよりは、国民によって形成された一般《いっぱん》意志だな、まあ、ルソー的に言えば、「一般意志」が神なんだよ。

国民の一般意志が神だから、今で言えば、まあ、「世論《せろん》」が神ということになるな。それが神なんだ。だから、それに帰依《きえ》すればいいんだよ。

B――　それが、ある意味で、無神論の発生原因だと思います。

丸山眞男　うーん。

B――　やはり、尊いもの、この世界を大きく包んでいくもの、そして、指導していくものとして、天上界には神々が存在しておられます。地上の人間が、それに近づく政治をしていくことこそが、本当の民主政治だと思います。

丸山眞男　いや、私は、そんな、学問的に検証されないものは信じないね。

B――　クロムウェルも言っていたと思いますが、ある意味で、民主主義というのは、多くの人が意見を出し合うことによって、いかに神の心に近づいていき、神の心に基づく政治をするかという……。

丸山眞男　いや、君、神っていうものも、やっぱり一つのフィクションなんだよ。

それは、人間には、向上心は必要だよ。だから、向上していくために、何らかの理想的なるものを求める心を、人間は、みんな持ってるよ。

そして、人間にとっての、「フィクション」としての理想像を、神と称《しょう》してるわけであり、神は、人間の似姿をとって存在するように、フィクションとしてつくられたものなんだよ。これは一種の擬制《ぎせい》なんだ。

それを、歴史上、神だとか仏だとか、いろんなかたちで言うけど、それは人間の理想像であって、人間を道徳的に高めるために、そういうフィクションを、いつの時代も必要としてるんだよ。生きてる人間には欠陥《けっかん》が多いからな。

Ｂ――　まあ、これ以上、申し上げても、お分かりになっていただけないと思いますけれども、われわれとしては、今、そういう丸山理論によって動いている日本の政治を、何とか、神の心に準じて動くように持っていきたいと考えております。

丸山眞男　私は、ちょっと体の具合《ぐあい》が悪く、病気をしてるので、十分な活躍《かつやく》ができないんだけれども、ただ、まだ、マスコミの諸君は、私を、それこそ神様のごとく崇拝《すうはい》し、私の本をバイブルのごとく読んで、新聞記事とかを書いているよ。だから、彼らにとっての「神」は丸山眞男かもしれないね。まあ、神の正体って、こんなものなんだよ。丸山眞男が現代のマスコミの神さ。だから、こんなものが神なんだ。

結局、人間を理想化して、それを擬制したもの、そういう、フィクションとして立てたものが神なんだよ。それは人間の意識の投影《とうえい》なんだ。

丸山眞男は「神を否定しなかったら近代はない」と考えている

B――　「お説ごもっとも」とは言えませんので（笑）、このへんで終わらせていただきたいと思います。

丸山眞男　だから、君らは何だね、いったい？　何なんだい？

B――　ここは幸福の科学というところです。

丸山眞男　そんなの、知るわけないだろ。これは、いったい何の集団だ。秘密結社か？

B――　いえいえ。幸福の科学といって……。

丸山眞男　学生運動ではないことは分かるが。

B――　大川隆法総裁がおつくりになった、そういう宗教団体の……。

丸山眞男　ああ、宗教団体。宗教団体ね。聞いただけで、やっぱり、身の毛がよだつよ。

宗教はいけないねえ。宗教は、人の思考を奪《うば》うから駄目《だめ》だ。やっぱり、各人が思考を持たなければいけない。

B――　しかし、先生のその考えが、本当に唯物論的であり、無神論的であるため、この国家を駄目にしていくということを、最後に申し上げておきます。

丸山眞男　君、唯物論の何がいったい悪いんだよ。唯物論のどこがいけないの？何がいけないの？

B――　やはり、神の存在を認めて……。

丸山眞男　唯物論のおかげで、君、近代の科学は発達したんだ。神を否定しなかったら、近代はないんだよ。何言ってんだ。

B――　そんなことはありません。

丸山眞男　何言ってんだよ。中世の暗黒時代を否定したからこそ、現代まで来てるんであって、科学が発達したのは神を否定したからなんだよ。何を言ってるんだ。

B――　しかし、先ほど申し上げましたように、アメリカ大統領は、就任式で、きちんと神に宣誓しています。

丸山眞男　ああ、そこだ。君ね、また間違っている。それは「教育勅語《きょういくちょくご》」と一緒なんだ。もう、かたちだけなんだよ。心のなかじゃ、信じてなんかいやしないんだよ。

いちおう、何らかのセレモニーとして必要なんだ。それは、どの世界にもあることだよ。

周りから椰子《やし》の葉であおいで、何か南国の酒を飲んだって構わないんだよ。そんなものが儀式《ぎしき》なんだ。

B―― そういう考えこそ、本当に丸山先生が反省すべきものだと思います。それを、最後に、一言、言っておきたいと思います。

丸山眞男 うーん、いや、君ら秘密結社か？ 何だか怪《あや》しいなあ。一度、特高《とっこう》に調べてもらったほうがいいんじゃないか。何か怪しいことを企《たくら》んでいるんじゃないか。ん？ 大丈夫《だいじょうぶ》か？

B―― ありがとうございました。

丸山眞男　うん。はい。

4　宗教や信仰《しんこう》について、どう考えているか

大川隆法　ちょっと物足りないけど、これでいいんですか？　何か不成仏《ふじょうぶつ》ですね。宗教的な論点での対話がもう少しあってもいいのではないかと思います。

丸山さんは、まだ今の自分の状況《じょうきょう》が分かっておらず、これでは、全然、成仏していないので、何か一言、言いたい人、あるいは一喝《いっかつ》を与《あた》えたいと思う人はいませんか。

（会場のCが手を挙げる）あなた、出てきますか？　（Cが質問者席に座る）

（合掌《がっしょう》し、瞑目《めいもく》する）

丸山さん、お願いします。

「知」の世界に生き、「信」の世界を知らない丸山眞男

C――　初めまして。

丸山眞男　うん。

C――　私《わたくし》は、幸福の科学という宗教団体におきまして……。

丸山眞男　うーん、いやあ、もう、宗教団体と聞くだけで嫌《いや》だな（笑）。

C――　私も、丸山先生と話すのを、何か、とても気持ちの悪いことのように感じております（会場笑）。

丸山眞男　そう言われたの、初めてだなあ。

C――　そうですか。

丸山眞男　ま、君……。

C――　私は、主エル・カンターレという……。

丸山眞男　ああ、知らないって（笑）、そんなこと、君（笑）。

C――　知らないのは、先生の間違《まちが》いなんであって……。

丸山眞男　そんなの、知るわけないでしょ（笑）。

C――　現代において、世界をリードしている……。

丸山眞男　そんなの、誰《だれ》が信じてるんだよ（笑）。

C――　先生は、先ほど、「学問的な証明ができなければ、自分は分からない」とおっしゃいましたけれども……。

丸山眞男　そりゃ、そうじゃないか。それは謙虚《けんきょ》な態度じゃないですか。

C――　今、先生が暗い世界にいるのは、そこに大きな間違いがあるからなんです。

丸山眞男　暗いって、君、なんで暗いって断定するんだよ。だから、それが学問的じゃないって言ってん……。

C――それは、先生の時間が、もう、ずいぶん昔で止まっているからです。私が言いたいのは、こういうことです。「信じる世界」があって初めて、人間の「知」の世界は開けるんです。

丸山眞男 そんな、勝手な（笑）。

C――「信」の世界のほうが広いわけです。

丸山眞男 変なことを、君ねえ（笑）。

C――そこで、丸山先生の……。

丸山眞男　君、釈迦《しゃか》に説法しちゃいけないよ。何言ってるんだ、もう。

C――　私は、釈迦のような悟《さと》りに向かって努力・精進《しょうじん》していある人間でありまして……。

丸山眞男　私に対して、何ということを……。私に対して「知」を説くのかい？　勘弁《かんべん》してくれ（笑）。

C――　いえ、丸山先生に「知」を説こうとは思っていません。私は「信」を説いているんです。

丸山眞男　うーん。

C――　信じる心がないので、自分が霊《れい》になったことも分からず、今、このような所に呼び出されていても、自分がどういう状況にいるか分からないわけです。

丸山眞男　いや、儒教《じゅきょう》は少しはかじったんだよ。

C――　先生は、人間として、とっても悲しい姿をされています。そのことが分かりませんか。

丸山眞男　儒教はかじったよ。儒教は、ちょっとかじったけど、そんなことは書いてないよ。

C――　儒教では、信仰《しんこう》は述べられておりません。

丸山眞男　うーん。

C――「信じる」ということが大切です。

人間は霊であることが理解できないでいる

丸山眞男　信じた結果、君、第二次大戦で、どれだけの人が死んだと思ってるんだよ。

C――第二次世界大戦で死んだ人たちは、「未来を開く」という、非常に大きな仕事もしました。

丸山眞男　いや、あの信仰がなければ……。

C――　第二次世界大戦の意義の一つは、あの戦争で日本が戦うことによって、「日本自身が西洋の植民地となって、日本民族そのものが滅《ほろ》びる」ということを防いだ点です。

そういう観点からすると、主エル・カンターレが日本に降臨し、「世界を導く」という大きな使命を果たされる前に、とても大きな仕事をしたことになるわけです。

丸山眞男　ああ、もう分かった。君は、今日《きょう》、精神病院から出てきたんだ。それがよく分かった。今日は解放日なんだな。

C――　そうですね、例えて言えば、今日、私が精神病院に来て、先生と面談しているわけです。丸山先生が精神病院にいるわけです。

丸山眞男　君、今日、出してもらえたんだな。今日は休みなんだ、精神病院はな。

C――　いえ、私が精神病院に来て、今、面会させていただいております。ところで、先生は、ずいぶん長い間、時間が止まっていらっしゃるようですが、どうして、そういう状況にあるんでしょうか。

丸山眞男　「どうして」って、君が言ってることは、論理がまったく不明確だね。君ね、私みたいな秀才《しゅうさい》に対して失礼だろう。君みたいな、そんな、ぼんくら頭で、何という……。

C――　私は、信仰のなかに生きている人間ですから。

丸山眞男　そんな、信仰なんていいよ。

C――　人間の本質は霊なんです。それを知っていますか。

丸山眞男　そんなもん、知るかね。知らないよ。

C――　いやあ、原始人ですねえ（笑）。

丸山眞男　何言ってんだ。

C――　それで本当に東大の教授をされていたんですか。

丸山眞男　そうだよ。

C――　先生みたいな方が東大で教授をしていたから、今の日本は、こんなに衰退してるんですね。よーく理由が分かりました。

丸山眞男　東大では、信仰なんて教えるところは、どこにもないよ。何言ってんだ。

C――　そうでしょう。それが、この国の大きな間違いだったんです。

丸山眞男　宗教学科だって、信仰なんて教えてないよ。

C――　それが、この国の間違いだったんです。それを先生は知らないから、今、暗い世界に自分がいることも分からないんです。

丸山眞男　暗いといったって、何と比べて暗いのか、言ってることの意味が分からないよ。

C――それが問題なんです。もっと明るい世界があるわけです。

丸山眞男　そんな、知らないこと言っても、君……。

C――知らないんじゃないんです。信じるんです。

丸山眞男　いや、君が信じるのは自由だよ。私は寛容《かんよう》だから、君が信じるのは認めるよ。

C――私も、丸山先生が、本来、光の本質を持っていることを信じております。だから、今、一生懸命《いっしょうけんめい》、お話をさせていただいているわけです。

「『信じる』ということの意義を自分は知らない」ということを、しっかりと認めないといけないんです。

人間を「偶然《ぐうぜん》、この世に投げ出された存在」としか見ていない

丸山眞男　君ね、君は原始人だから分からないんだろうと思うけど、人間というものは、偶然、この世に生まれ、投げ出された存在なんだよ。

C――　さびしい考え方ですねえ。それで、丸山先生は、どこに幸福ということが出てくるんですか。

丸山眞男　だって、そうじゃないか。偶然、この世に生まれた人間じゃないですか。それで、この世で、ある程度、社会的地位とか、名声とか、そういうものを築いて、認められることに幸福を認めるんじゃないかな。

C――　今、先生は幸福ですか。

丸山眞男　うん？　丸山眞男を、それこそ神のごとく信じる人は、いっぱいいるから、まあ……。

C――　いや、人が信じるんじゃなくて、今、自分の心は幸福ですか。

丸山眞男　ま、今、ちょっと病気をしてるので、あの……。

C――　ちょっとではなくて、ずーっと病気の状況なのではないでしょうか。

丸山眞男　うーん、体が、まあ、やや不自由な感じはするがな。

C――　もっと正直に自分の不幸を認められたらどうでしょうか。私は、今、とっても平静で、心は幸福です。

丸山眞男　うーん、だけど、君、そんなに、いい顔をしてないよ（会場笑）。

C――　いやあ、顔の問題ではないですねえ（会場笑）。心の問題です。これは私の〝使命〟でございますから。私が怖《こわ》い顔をしているのは、先生のような間違った人が、正しい宗教を迫害《はくがい》したり、仏の教えを蔑《ないがし》ろにしたりすることに対して、怖い顔をし、「こういう者もいるんだ」ということを見せるのが仕事だからなんです。

丸山眞男　少なくともだな、日本での知識人、ね、学者、あるいはマスコミ、そういうインテリ階層は、丸山眞男といったら、もう、みんな、それはそれは、その業績をちゃんと認めるけど、君の業績なんて、認める人は誰もいないんだよ、世の中には。

C——　私は、これから、未来に向かって、それをつくっていくわけですから。

丸山眞男　君には私と対等に語る資格がないんだよ。

C——　対等に語る資格がないのではなくて、私には、「仏を信じている」という、仏の子の立場があります。

丸山眞男　だから、まあ、「私は大学の教授であって、お寺の坊主《ぼうず》じゃないんだ」ということが、どうして君には分からないんだ。

C――　そこに先生のいちばん大きな間違いがあります。実は、お寺の坊さんのほうが偉いんです。

丸山眞男　そんなこと、あるわけがないよ（笑）。勝手なことを言ってはいけないよ。それでは、お寺に生まれた人は、生まれながらに尊いみたいじゃないか。

C――　なぜ偉いかというと、真実を知っているからです。

この世のなかの唯物的《ゆいぶってき》なことだけを研究して、さも自分は頭がいいと思っているような人は、たいへん大きな間違いを犯しています。

丸山眞男　でも、世界が私を認めたからな。日本も世界も、「丸山政治学」というものは認めたし、日本では、文科系で天才学者と言われたのは私ぐらいしかいないからね。

C――「人々が認めた」ということはあるかもしれませんが、それは人々の誤解であって、結果的に、今、あなたの思想が世の中に良い影響《えいきょう》を与えていないことは事実です。これについては、どう思われますか。

丸山眞男　だから、私の言葉で、何十万、何百万の人が、君、デモ行進をしたんだ。まあ、言ってみれば、日本の毛沢東《もうたくとう》みたいなもんだよ。

C――デモをして、その結果、今も心のなかにデモの状況を残し、暗い世界で苦しんでいる人が、たくさんいるわけです。先生の苦しみと同じですよ。

丸山眞男　警官隊が悪いんだ、警官隊がな。警官隊が学生を弾圧《だんあつ》したのが悪かったな。そんなことをしないで……。やはり、権力装置が邪魔《じゃま》をして……。

C――　そのようなことを扇動《せんどう》したところに大きな間違いがあります。

丸山眞男　いや、あの権力装置があんなことをやらなければ、ちゃんと革命は成就した。もう一歩、もう一歩だった。

人間の本質を「考え」ではなく「経歴」だと理解している

C――　「人々が認めた」という丸山先生に、私のほうから一つだけお伝えしたいことがあります。

ご存じのとおり、人間というのは、「考えていること」が、その本質なんです。

丸山眞男　知らないね。そんなことはないね。

C――　勉強不足ですねえ。これは古今東西《ここんとうざい》の真理です。

丸山眞男　人間というのは、「経歴」が、その人の本質なんだよ。

C――　それは、この世だけの話です。人間の本質は「考えそのもの」なんです。

丸山眞男　君は、なに、あの世の人なのかい？

C――　私は、この世とあの世に通じている……。

丸山眞男　いや、私はこの世で生きていて、君は幽霊《ゆうれい》なのか。あの世から来て、話してる……。

C――　教えて差し上げます。幸福の科学をつくられた、大川隆法という、現代における……。

丸山眞男　そんな人、知らんと言ってるでしょう！

C――　知らないから教えているんです。だから、聞かなきゃ駄目です。よろしいですか。

丸山眞男　うーん、まあ、いいわ。そういう人がいてもいいよ。それで？

C――　そうです。権威者《けんいしゃ》には、「人の話を聞かないことによって、進歩・発展しない」というところがあるので、「後輩《こうはい》だ」と思っても、話を聞いたほうがよろしいんです。

丸山眞男　いや、聞いてやるよ。聞いてやるよ。はい、はい。

C――　現代において、大川隆法という、「この地球における最高の神」が……。

丸山眞男　それ、勝手に、君……。

C――　肉体を持って降りられているんです。

丸山眞男　君、そこで話が飛んだんだ。

C――　飛んだ？

丸山眞男　そうだ。それ、論理性がない。それ、頭が悪い証拠《しょうこ》だ。今、証明した。

C――「偉大《いだい》なる霊能者《れいのうしゃ》」が降りてきたんです。

丸山眞男　君、数学ができないな。

C――よろしいですね。偉大なる霊能者が降りてきたんです。霊能者は分かりますか。

丸山眞男　ま、霊能者っていう言葉は知ってるよ。

C――「この世にあって、この世ならざるものを見、この世ならざる声を聴《き》く」、そういう能力のある方がいるわけです。

丸山眞男　まあ、歴史上、そういう人はいたかもしれないけど……。

C――　現代においても、いるわけです。よろしいですね。その方の……。

丸山眞男　ま、いるかもしれないけど、丸山眞男がだね、そんな霊能者なんかにかかるわけがないだろ。君、ばかか。ばか言っちゃいけないよ。

C――　かかったんではなくて、呼び出されたんです。

丸山眞男　え？　なに、呼び出された？

C――　呼び出されて、今日、ここにいるんです。

丸山眞男　私は生きてるんだ。病気を治してるときに呼ばれたから、今、来たんだ。

C――　そうです。あなたの声は大川隆法総裁の肉体を通して発せられているんです。あなたが発しているのではありません。あなたの考えていることが、大川隆法総裁の肉体を通して出てきているんです。これは非常に科学的ですね。

丸山眞男　分からんなあ、言ってることが。

C――　ばかですねえ（笑）。

丸山眞男　君、失礼なことを言うんじゃないよ！　何を言ってんだよ。

C――　いや、やっぱり、ばかな人には、ばかと言ってあげないと。

丸山眞男　も、も、も、もう君は退学だ！　退学処分だ、もう。

C――　私があなたを退学にしたいですね。

丸山眞男　教授に対する名誉毀損《めいよきそん》だ！

あの世があるかないかは証明の問題ではない

C――　せっかく、このような所に呼び出されているにもかかわらず、多くの人たちの意見に耳も傾《かたむ》けず……。

丸山眞男　だって、君たち、秘密結社じゃないか。

C——　こんなにたくさん聴衆《ちょうしゅう》がいるのに、秘密結社とは言いませんよ。

丸山眞男　おかしい人は、このぐらいはいるよ、世の中に。

C——　これは公開の場で行《おこな》っているんです。

丸山眞男　うん、だから、公開の精神病院だろ、これ。

C——　今回、あなたとの対話を録画し、その映像を日本全国の人々に見てもらうことになります。

丸山眞男　日本全国の人が見たら、「さすが丸山眞男は違うなあ。やっぱり切れ味が違う」と思うだろうなあ。

C――　先ほど先生が語られた内容は、ご生前に語られた内容と近いでしょうから、「これは本当に丸山眞男が語っていることだな」ということを、日本全国の人たちが知ります。

丸山眞男　そうしたら、感動するだろうねえ。

C――　「地獄《じごく》にいるんだ」ということが分かります。

丸山眞男　そんなの、君の決めつけだよ。何言って……。

C――　決めつけではなくて、あなたの言っている内容が間違っているわけですから。

丸山眞男　君が、それが分かるような立場の人間かどうか、証明しなさい。

C――　言っている内容が間違っているわけですから。

丸山眞男　だから、君が、そんなことを判定できるような立場にあるかどうかを証明しなさい。

C――　これは、あの世が……。

丸山眞男　できなかったら黙《だま》れ！

C――　あの世があるかないかは証明ではないんです。

丸山眞男　ん？

C――　信仰の世界なんです。

丸山眞男　ああ、もう、いいよ。私は、精神病院に長くいるのはつらいから、もう、そんなに長くはいたくないよ。

C――　あなたは、もう一度、しっかりと〝精神病院〟に入って、信仰ということについて学ばなければいけません。

信じる心がなければ、学問を積んでも、間違《まちが》った思想を流すだけ

丸山眞男　君ら、秘密結社もいいけど、あまり大きくなるんじゃないよ。世の中に害毒を流すからね。

Ｃ――　先生のように何も知らない方が……。

丸山眞男　せっかく私が科学的学問を成立させたのに、東大の卒業生から変なのがいっぱい出てくるんじゃ困るんだ！　ああ。

Ｃ――　そうです。本当に、変な人たちがたくさん出てきて、日本は、今、とんでもないことになっているわけです。

丸山眞男　そうなのかあ。

C――　その原因は何か。「人間の本質は考えだ」ということが分からず……。

丸山眞男　うーん。

C――　霊だということも分からず……。

丸山眞男　うーん。

C――　信仰の大切さも分からず……。

丸山眞男　うーん。

C――　そして、「信仰は単に個人のことだ」という戯言《ざれごと》のなかにおいて……。

丸山眞男　ああ、もう、いい。もう、いい。もう、いい。もう、いい。もう、いい。もう、いい。ああ、もう。

C――　ほら、頭が痛くなったでしょ？

丸山眞男　君の言葉は鼓膜《こまく》に響《ひび》いてくるよ。

C――　それが、あなたの問題です。

丸山眞男　君は上野動物園から逃《に》げてきたんだろうが。ああ、もう（会場笑）。

C――　ある意味では、そうです。

丸山眞男　え？　上野動物園……。

C――　それくらい強い心を持っているんです。

丸山眞男　上野動物園のゴリラかなんかの親戚《しんせき》だよ、これは、もう。

C――　よろしいですか。大切なのは信仰です。

丸山眞男　早く、早く、早く人間になりなさい。人間になるには学問が必要なんだよ、君。

C――学問をする前に、信仰で、仏の子であることを知らなければいけません。

丸山眞男　うーん。

C――信じる心がなければ、いくら学問を積んでも、間違《まちが》った思想ばかりを流すことになります。

丸山眞男　まあ、もう、いいや。ばかを相手にしてもしょうがない。もう、帰れ、帰れ。ばかは要《い》らないよ。

信仰について学ばなければ、丸山眞男は天国に上がれない

C――まあ、〝精神病院〟にいる人を相手にしてもしょうがないので……。

丸山眞男　おお。

C――私も、説教は、これぐらいにさせてもらいますけれども……。

丸山眞男　あーん。

C――まあ、地獄に戻《もど》られて、一度、ゆっくりと反省されたほうがよいと思います。

丸山眞男　地獄なんて、もう、江戸《えど》時代の人間の発想だってことが、どうして分からないんだよ。

C――　今は二〇一〇年です。

丸山眞男　それを言うから、君ら、気違いだって言われるんではないか。

C――　そうではありません。それは先生のほうです。

丸山眞男　二〇一〇年だって証明してみろ。どうやって証明するんだ。

C――　今が、その時代です。

丸山眞男　どこにも書いてないよ。二〇一〇年って、どこに書いてある？　なーんにもないじゃないか。

C——先生、地獄にいないんだったら、それを証明しなきゃいけないですよ。

丸山眞男　君、SF作家を目指してるんだね？

C——うん？

丸山眞男　ああ、SF作家を目指してるのか。

C——え？

丸山眞男　でも、ちょっと、年が……。遅《おそ》いよ。SFは、もうちょっと若いうちに書かないと。ああ、流行《はや》らないよ。もう年だな。

C――　先生が地獄の世界にいることは本当に残念です。その心が……。

丸山眞男　まあ、空想はいいよ。空想は人間の自由だ。それまで奪《うば》うつもりはないから、私には。

C――　正しい信仰を学んでください。あなた自身も仏の子であることは間違いないのですから。

丸山眞男　いや、仏の子なんかじゃないよ、私は。

C――　え？　何ですか？

丸山眞男　仏の子じゃないよ。何言ってんの。何言ってんだよ。仏は、結婚《けっこん》して子供を産んだりしないから、私が仏の子であるわけがないだろうが。何言ってんだよ。

C――　仏が、結婚して子供を産まなくても……。

丸山眞男　私が、なんで仏さんの子供に生まれなきゃいけないんだよ。とんでもない。

C――　人間は仏の子です。

丸山眞男　ばかなことを言うな！

C――　「仏の子」とは、「人間の本質は光である」ということです。

丸山眞男　もう分かった。君がおかしいのは、もう、今の話を聞いただけで分かった。

C――　仏の子の本質は「光」です。

丸山眞男　東大寺の大仏が子供を産むのかね、君。東大寺の大仏が、鎌倉《かまくら》の大仏が、子供を産むのか？　金属の塊《かたまり》じゃないか。何言ってんだ。ばかなことを言うなよ。

C――　「自分自身で考えることができている」ということ自体が、仏の子であることの証明です。

丸山眞男　ああ。

C――　考え自体が人々に影響を与えるんです。

丸山眞男　もうちょっと、君、学問をしっかりやってから来なさい。君、中学を中退してるだろうが。

C――　もう少し、信仰について、しっかり学んでください。

丸山眞男　ん？　うーん。

C――　信仰について学ばなければ、あなたが地獄から天国に上がることはできません。

丸山眞男　うーん。

C――　今日は、そのことを、しっかりと教えておきます。

丸山眞男の理論は「地獄《じごく》に堕《お》ちる理論」だった

丸山眞男　とにかく、今日は、何だか変な秘密結社に呼ばれたらしいが、なんで来ちゃったんだ？　さっぱり分からないな。

C――　現代の日本に大きな間違いを及《およ》ぼしているから、呼び出されたんです。

丸山眞男　うーん。さっきから、何か、このあたりが痛くてしょうがない（頭に触《ふ》れる）。

C――　痛いでしょう。引っ張られているんです。

丸山眞男　頭痛がするんだよな。

C――　そうです、そうです。

丸山眞男　差し込《こ》みがくるんだよな。

C――　そうです、そうです。

丸山眞男　何なんだ、この差し込みは。痛くって、いてててて……。

C――　その差し込みが、引っ張られている証拠です。

丸山眞男　ああ？

Ｃ——　呼び出されたんです。

丸山眞男　差し込んでくるんだよなあ。

Ｃ——　大川隆法総裁に呼び出されたわけです。

丸山眞男　ふーん。

Ｃ——　でも、今日は、あなたがここに出てきたことによって、丸山眞男という人物の「正体」が日本全国の人に分かりましたから……。

丸山眞男　うーん。

C――　そういう意味では、大きなお仕事をされました。日本全国の人たちに、「丸山眞男の理論は、地獄《じごく》に堕《お》ちる理論だった」ということを、私たちは、しっかりと表明させていただきます。

丸山眞男　まあ、そんなの信じる人がいればいいねえ。よかったな。

C――　ええ。

丸山眞男　まあ、読者を確保するといいねえ。

C――　しっかりとやらせていただきます。

丸山眞男　まあ、東大の学生は読まないだろうけどね。フン。

C――　はい、ありがとうございました。

丸山眞男　まあ、五人や十人ぐらいは騙《だま》せるかもしらんがな。フン。

C――　では、今日は、どうぞ、お帰りになってください。ご苦労さまでございました。

丸山眞男　ああ、そうするよ。ああー、くたびれたあ。あー。

C――　はい、ありがとうございました。

丸山眞男　私は、床《とこ》ずれがして本当に腰《こし》が痛いんだよ。こんなに長く呼ばれて……。

C――　ありがとうございました。ご苦労さまでした。しっかりと信仰を学んでください。

丸山眞男　はい、はい。

C――　はい、ありがとうございました。

大川隆法　はい、丸山さん、ありがとうございました。はい。もう、どうにもなりません。はい。どうしようもありません。

第2章

この国の未来のために信念を貫《つらぬ》け

二〇一〇年四月二十一日　岸信介の霊示

岸信介《のぶすけ》（一八九六～一九八七）

山口県出身の政治家で、日本の第56・57代内閣総理大臣（在任一九五七～一九六〇）。いわゆる「六〇年安保闘争《とうそう》」において、日米安全保障条約の改定を断行した。佐藤栄作元首相の実兄《じっけい》であり、安倍晋三《あべしんぞう》元首相の祖父に当たる。

［質問者は、それぞれD・Eと表記］

1　日米安保五十年の意味

大川隆法　それでは、安保闘争《とうそう》で、丸山眞男《まさお》の攻《せ》めを受けて立ったほうの、岸信介《のぶすけ》元首相を呼んでみます。

今の丸山眞男を見ていると、岸さんがどういう状態なのか、やや不安があります。（笑）現代について、何か意見を言ってくださるような状況《じょうきょう》にあるかどうかは、呼んでみないと分かりません。この人も、私は過去に接触《せっしょく》していないので、初めてです。

では、呼んでみます。

（約十秒間の沈黙《ちんもく》）

岸信介元総理、岸信介元総理、岸信介元総理、岸信介元総理。岸信介元日本国総理大臣、願わくば、幸福の科学に降りたまいて、われらに、政治について指導をしたまえ。岸信介元総理、岸信介元総理、願わくば、幸福の科学においでいただき、われらに、その見識を示したまえ。

（約十秒間の沈黙ののち、深呼吸を二回行う）

私は国民を護《まも》ろうとした人間である

岸信介　岸です。

D――　岸信介元総理、この度《たび》は、ご指導を賜《たまわ》れますことを、心より感謝申し上げます。

岸信介　うん？　何なんだ、君はいったい。

D――　私《わたくし》は、幸福実現党の○○と申します。

岸信介　知らない政党だねえ。

D――　今は二〇一〇年でございまして……。

岸信介　ああ、そうか。うん。

D――　はい。幸福の科学を母体とする、新しい保守本流の政党でございます。

岸信介　保守本流と言ったか。君、大きく出たな。

D――　はい。保守本流の政治を体現されていた岸先生より、新しい政党である幸福実現党の政策について、ご指導をいただければと思います。

岸信介　うん。

D――　先ほど、丸山眞男教授にも来ていただきましたが、安保闘争で……。

岸信介　ああ、ちょっと見ておったよ。

D――　ご覧になって、いかがですか。

岸信介　ハッハッハッハッハッハ。まあ、気の毒だね。この世で敗れて、あの世でも敗れるかあ。うーん、気の毒だねえ。

D――　岸先生は、天上界《てんじょうかい》のほうからご覧になって……。

岸信介　天上界だって、君、分かったたか?

D――　はい(会場笑)。

岸信介　君は、なかなか賢《かしこ》いじゃないか。見識があるよ。
　私は、あれほど「ぶざま」ではないよ。それは、君、あちらは、自分の学説を人に押《お》し付けようとしていた人間だろうが、私は、そうではなくて、この国の国民を護《まも》ろうとした人間だからね。それは、考えも立場も、当然、違《ちが》うさ。

学者よりも政治家の「現実感覚」のほうが正しかった

D――　岸先生は、命懸《いのちが》けで、日米安保の改定を断行されましたが、先ほどの丸山さんの……。

岸信介　まあ、学者としてはね、丸山君の批判だけをするのは不当かとは思うな。丸山の前からそうだからね。南原繁《なんばらしげる》あたりも、そうだからなあ［注1］。

戦後の処理をめぐって、ずいぶん対立はあったし、「全方位外交」っていうかな、「平和条約はすべての国と同時に結ばなければいけない」ということで、まず、アメリカを中心とする国とだけ平和条約を結ぶという「サンフランシスコ条約」は、政治学者の側から批判はあったよな。

だから、彼らを「曲学阿世《きょくがくあせい》の徒《と》」と呼んだりしていたけれども、現実の政治家の実務感覚というか、現実感覚のほうが正しかったと見るべきだろうな。

もし、「ソ連とも同時でなければいけない」ということであれば、それは、日本にとっては、非常な危機だっただろうね。きっとね。

それこそ、ソ連は、本当は、アメリカと日本を分断したかったぐらいだからね。ちょうど、この東京のあたりで、ソ連領かアメリカ領かの線を引かれる恐《おそ》れがあったから、本当に危なかったと思うよ。うん。

D――「政治は結果責任」とも言いますが、岸先生のおかげで日米安保が堅持《けんじ》され、その後、五十年間、日本の平和と安定がもたらされました。

岸信介　うん、そうだと思うね。

あのとき、私は、ものすごい悪人にされていたよ。新聞には、毎日、悪口を書かれるし、テレビでも、デモ隊の様子は映されるしね。革命前夜だったね。私を倒《たお》しさえすれば、民主主義が完成するかのような雰囲気《ふんいき》だったかな。だから、「最後の悪王」みたいな感じだったかなあ。
でも、結局、日米安保を堅持したおかげで、日本の平和と安定、繁栄《はんえい》が、その後、半世紀続いたんじゃないかな。だから、まあ、学者が理屈《りくつ》を言うのは簡単だけれども、やはり、現実感覚というのは大事だね。

D――　はい。そのおかげで、日本は五十年間、本当に平和と安定、繁栄を享受《きょうじゅ》できたわけですが、二〇一〇年の今年は、それから、ちょうど五十年後に当たるわけです。

岸信介　ああ、そうだなあ。

D――　ただ、残念ながら、日本もアメリカも、この五十周年を祝うというムードではなくて、むしろ、日米安保の危機がささやかれています。

岸信介　うん。私は見ているよ。ちゃんと、天上界から現代の政治を見ておるよ。とっても心配している。

Ｄ――　鳩山《はとやま》政権は、むしろ、日米安保を破綻《はたん》させる方向に向かおうとしています。五十年前の安保闘争で果たせなかった怨念《おんねん》を、今、甦《よみがえ》らせようとしているかのごとき状況にあるのではないかと思います。

岸信介　そうだね。まあ、彼はノンポリかもしれないけれども、彼の周りにいる連中は、安保闘争世代でしょうね。

今、中国が強くなってきているからねえ。アメリカのほうは、イラク戦争をやり、アフガン戦争をやりということで、もう野蛮人《やばんじん》に見えているんだろうから、アメリカから距離《きょり》をとって、中国のほうに寄って行きたいと思っている人はいるだろうね。

中国が平和勢力だと思っている人もいるだろう。

そういう考えを持つ人がいても、まあ、当然かとは思うけどね。だけど、こういうときに、やはり、国家の行く末を見据《みす》えて決断するのが、本当の政治家の仕事だな。

国民は、そうは言っても、十分な情報を持っていないし、判断力も十分ではないから、政治家が体を張って判断をせねばいかんだろうね。

客観的に見て米中と等距離《とうきょり》外交ができる状態ではない

D――　中国の軍事拡張がこのまま進んでいった場合、中国の支配の下《もと》では、政治参加の自由も、言論の自由も、信教の自由もないような、そうした世界になってしまうと思います。

そのため、幸福実現党は、岸先生が改定された日米安保の堅持ということを掲《かか》げて、今、活動しております。

岸信介　うん。

Ｄ――　そこで、この日米安保の重要性ということについて、改めて、岸先生からご指導いただければと思います。

岸信介　まあ、「独自防衛」という考えもあるとは思う。国家として、この規模まで来たら、政治家としては、それも、ある程度、考えねばならんことではあると思う。

しかし、軍事力、技術力というものを、冷静に、客観的に分析《ぶんせき》するかぎり、やはり、アメリカの軍事力に勝てるような国は、今、地球上には存在しないし、中国が、アメリカと本当に対等に戦えるところまでいくには、やはり、五十年はかかると思うなあ。そのぐらいの差はあると思う。

だから、「アメリカが、中国と戦うのを恐れる」というのは、それは、被害《ひがい》が出ることを恐れているのであって、戦争で戦って負けるなんて思っていないと思うよ。それは、まあ、政治的判断だろうけどね。

あとは、アメリカ国民が被害を受けてまで、「中国から大陸間弾道弾《だんどうだん》をアメリカに撃《う》ち込《こ》まれてまで、日米安保のために、日本人を護るか」というあたりが、今、クエスチョンだよな？　本当にそこまで護ってくれるのか。

それは、日本との間に良好な信頼《しんらい》関係があって初めて成り立つことだ。日本の政治そのものが漂流《ひょうりゅう》し、アメリカから離《はな》れたがっていて、アメリカの「核《かく》の傘《かさ》」なんかに護られたくなくて、独自に、中国やアメリカと等距離外交をして、なんか、東アジア同盟か？

D――　東アジア共同体です。

岸信介　東アジア共同体か。そういう感じで、「アジアの盟主を目指す」みたいな、生意気なことを言い出したら、「それは勝手にどうぞ」というふうになるわなあ。

それは、「勝手にどうぞ」だろうと思うよ。でも、「勝手にどうぞ」と言われても、何もできないのが現状だろ？　日本がほとんど子供と同じで、わがままを言っているだけだ。だから、駄々《だだ》っ子のように見えているだけだろうね。

まあ、政治も創造だから、どういうふうにつくろうと、政治選択《せんたく》としては自由だけれども、現実は、リアリスティックに判断しなければいけないと思うね。

現実に、日本が憲法九条の改正をし、いちおう、普通《ふつう》の国と同じような防衛体制を組める状態になっていて、もう国が盤石《ばんじゃく》であれば、それは、等距離外交をしても構わないし、対等にものを言っても構わないと思う。

けれども、アメリカの核で護られているような状況において、そして、北朝鮮《きたちょうせん》のような小国に脅《おど》されているような状況においてね、客観的に見て、それは言えるようなことではないよ。それが分からないんだったら、やはり、政治家としては頭が悪いね。

D―― 私たちも、今の東アジア情勢を見るかぎり、この日米同盟を堅持していかなければいけないということを、さらに強く訴《うった》えてまいりたいと思います。

岸信介 うん。

今の日本には、強力なリーダーシップを持った「信念の人」が必要

D―― 岸元首相におかれましては、五十年先を見通されて、日米同盟の堅持を、猛《もう》反対のなかで断行されたわけですが、日本の今後五十年を見据えた、国防あるいは外交の筋道というものを、ご指導いただければと思います。

岸信介 うーん。今の政治状況は、あんまりよくないね。はっきり言って、危険だ。

安保闘争のころのように、学生のデモ隊が、連日、押しかけてくるような状況にはないけれどもね。客観的には、そういう内乱、内戦の状態が起きているわけではない。けれども、政治の状況としては、その安保世代の幹部たちが、まるで安保闘争に勝ったかのような気持ちになっているのかもしれないね。

こういう人たちが、ノスタルジーから、昔やりたかったようなことを、やりたくなってくるかもしれないから、これがいちばん恐れることかな。

中国のほうは、当然、日米安保を破棄《はき》させたいであろうね。アメリカの基地を沖《おき》縄《なわ》から撤去《てっきょ》させ、それから、日本本土からも撤去させる。これが中国にとっていちばん望ましい結論ですよ。これが、したくてしかたがない。

それで、日本が、その方向にシナリオを組んで動いていくから、面白いんじゃないかなあ、向こうから見たらな。

本来なら、こういう、アメリカ軍を撤去させようというような状況においては、中国は、一生懸命《いっしょうけんめい》に、日本を侵略《しんりゃく》したりしない平和国家であるようなふりをして見せなければいけないところだ。常識的には、そうだよな。

しかし、そういうときに、逆に、海軍が出てきてウロウロしてみたり、尖閣《せんかく》諸島のあたりを、いつでも取れそうなふりをしてみたり、ごそごそやっているんだろ？

まあ、これが中国なんだよ。

中国というのは、そういうプライドがあるところだからね。だから、威嚇《いかく》してるんだよな。

いずれにしても、今後、さらに威嚇をしてくるんだろうけれども、ああいう一党独裁型の全体主義国家から見たらね、二大政党でも何でもいいが、日本のような、投票でコロコロと政変が起きる国というのは、政治力がものすごく弱く見えるんだよ。与《くみ》し易いって言うかね、「日本は、簡単に、どうにでも料理できる」と見ていると思うね。

だから、直接的には、もうちょっと威嚇をしてくるだろうと思うけれども、もっと老獪《ろうかい》にやろうとすれば、北朝鮮をちょっと助けてやったら、日本なんか、すぐに、あたふたするんじゃないか？　そうだろ？　北朝鮮の窮状《きゅうじょう》を救ってやれば、それで、とたんに、日本なんか、また完全に人質状態になっちゃうな。

まあ、舵取《かじと》りはとても難しいと思う。これは、やはり、強力なリーダーシップが必要だね。強力なリーダーシップを持った「信念の人」が、やはり、出てこなければいけないし、そのためには、間違《まちが》いのない思想をベースにして、指導者を養成しなければいけないね。

根本の思想が間違っている場合は、もう、どうしようもないからね。今さら、「中国や北朝鮮や旧ソ連のような国に向かっていく」などというようなことは、あってはならないことだよ。そして、そういうことを煽《あお》るようなマスコミがまだ生存しているんだったら、これは、許しがたい行為《こうい》だ。

だから、「反対さえしていれば、飯が食える」などというのは、やはり、いいことではないよ。うん。やはり、生産性がないよな。とてもよくないね。

オバマのアメリカは近年にないほど「左」に寄っている

アメリカも民主党政権で、名前だけは一緒《いっしょ》だからなあ。まあ、アメリカとしては、特に、近年にないほど「左」に寄っているのは間違いない。

さっきの丸山さんは「無宗教の左」だけど、あちらのオバマさんは「宗教的な左」なんだよな。宗教も原理主義的になると、みな、左翼《さよく》にちょっと近いものがあるんだよ。

物質に恵《めぐ》まれず、経済がローレベルで、「貧しさの平等」があった時代に教祖が教えを説いた宗教の場合、原理主義的に、宗教心を持つと、貧しいもの、清貧の思想的なものに惹《ひ》かれていくので、結果的に、左翼と同じようになっていくんだな。

だから、お金持ちが失敗したのを喜んでいるようなアメリカっていうのは、あまりいいアメリカじゃないね。やはり、成功者に憧《あこが》れて、夢と希望があってこそのアメリカだな。

成功者が失敗したら、「ざまをみろ」と言うのは、伝統的な日本社会だ。だから、アメリカは平等社会になっていこうとしているんだろう。

まあ、罪悪感があるんだろうねえ。世界が貧しく、なかにはアメリカの百分の一のレベルで生活をしていたりするのに、アメリカ人だけが豊かな暮らしをしていることに、オバマさんとかは、きっと罪悪感があるんだろうね。

私は、そういう罪悪感にも一分《いちぶ》の真理があることは認めるけれども、そうは言っても、アメリカが現在のアメリカであるのは、この二百年間、政治的リーダー、経済的リーダー等が、やはり頑張《がんば》ったせいだし、そうした「自由からの発展・繁栄」を目指す国是《こくぜ》というものを、国民が支持した結果、その果実を手にしたんだと思う。

もし、アメリカが共産主義国になっておれば、そうはならなかったであろう。やはり、さまざまな判断や選択の積み重ねがあって、現在があるわけだから、アメリカが罪悪感の虜《とりこ》になるのは、あまりよろしくないんじゃないかな。

特に、今、イラクやアフガンなどの戦争によって亡くなった方もだいぶいるし、それから、いろいろなテロの心配等もあるため、戦争に対する恐怖《きょうふ》から、反戦運動が広がって、そういう左翼運動のほうに結び付いていっているんだろう。

そのため、「世界の警察官」としてのアメリカが、今、非常な瀬戸際《せとぎわ》に立っていると思うね。

政変が必要な時期が来たが、その「核《かく》」がまだ弱い

したがって、同盟関係を維持《いじ》したいのであれば、やはり、強力に、思想的にも同盟を支持しなければいけないと思うね。

鳩山さんは、「オバマさんは、自分とは仲間だ。同類だ」と思っていただろうけれども、普天間《ふてんま》の問題を見て、オバマさんのほうは、「同類ではない」と、はっきり判断したんだろ？　で、鳩山さんのほうは、まだ、それが分かっていないようだね。

いやあ、これは政変が必要な時期が来たねえ。だけど、政変を起こすのに、次の

「核《かく》」が弱いなあ。

自民党も弱いし、小党分立だしな。

それに、さっきの丸山さんを見ても分かるとおり、日本の戦後のインテリ、オピニオンリーダー、言論人たちは、みなあんな状態で、宗教というのが、頭にかすりもしていない人たちがほとんどなんだよ。

だから、あなたがたが「核」になろうとしたって、そう簡単なことではないと思うし、あなたがたが、急速に力を増して、政治の核になろうとすればするほど、それこそ、逆に、こちらをファシズムだと攻撃《こうげき》する勢力が、マスコミにいっぱい出てくるだろう。

うーん、真意を分かってもらうことは、とても難しいことかと思うね。

［注1］南原繁（一八八九～一九七四）。日本の政治学者で、一九四五年から一九五一年まで東京帝国《ていこく》大学総長を務める。第二次大戦後の講和条約締結《ていけつ》に際して「全面講和論」を主張し、当時の吉田茂首相から「曲学阿世の徒」と批判された。

2　政治家の信念、勇気、志について

「この国の未来をどうしたいのか」という志が原点である

D――　本当に難しい道だと思いますが、私たちは、保守本流の気概《きがい》を持って、この国に精神的な柱を打ち立てていきたいと思っております。

先ほど、大川隆法総裁は、岸先生について、「信念の人」と言われていましたが、現代の政治家、あるいは、私たちのように政治を志す者に対し、「政治家としての信念、勇気、志」というものについて、ご指導いただければ幸いです。

岸信介　うーん。「人材はいるが、人材はいない」。つまり、人材というのは、いるんだけどいないんだ。いるようでいない。いないようでいる。

本当に難しいものでね。普段《ふだん》は人材と思わなかったような人が、危機の時代には人材として出てくることもある。平和なときには、それが人材だということが分からずに埋《う》もれていることもあるのでね。

まあ、そういう危機の時代に、人材が出てくることを祈《いの》りたいとは思う。

ただ、原点はね、やはり、「志」が大事だと思うよ。志だよ。「この国の未来をどうしたいのか」という志だ。これが原点だな。

この志があって初めて、勇気も行動も出てくるし、智慧《ちえ》も湧《わ》いてくる。だから、未来に対して責任を持たない人間が、大きな発言力や権力を持つべきではないということだな。

先ほど、神様の話をしておったようだが、今の〝神様〟は、世論《せろん》調査の数字だろ？　ほとんどな。何パーセントという支持率が〝神の声〟なんだろ？　これは、民主主義の最大の弱点が出ているんだよ。

実際には、神様に近づいていくほど、人間の数が減るようになっているんだよな。

あの世の如来《にょらい》や天使になると、数が減ってくる。だから、多数決でやったら負けちゃうんだ、この世ではね。民主主義には、こういう弱点が、どうしてもある。

この弱点を補うにはどうするか。それは、やはり、傑出《けっしゅつ》した人材を尊敬するような精神土壌《どじょう》がなければいけないということだ。「一人一票」と同じように、物理的に、「人間はみな、発言力が同じ。考え方も同じ。結果や価値も同じ」ということが、本当の幸福とは思えない。

やはり、政《まつりごと》は、神仏に代わりてなされるのが、本来の正しい筋だと思うので、そういう傑出した人が正当に評価されるような世の中にしていかなければならないな。

本当にいい政治というのは、老荘《ろうそう》思想に近いのかもしらん。民《たみ》が、政治のことなんか心配しなくとも、楽しんでいられるような時代をつくるのが、政治家としての本当のあり方だ。

だから、マスコミが国民を巻き込《こ》んで、政府の財政赤字がどうだとか、米軍基地はどこに移すべきだとか、「ああでもない。こうでもない」と言って大騒動《おおそうどう》するようなことが、本当の民主主義だとは、私は思わない。

それは、「プロが存在しない」ということとほとんど一緒《いっしょ》だね。やはり、胆力《たんりょく》のある政治家が、責任を取って断行すべきだ。もし結果が悪ければ自分の首を懸《か》けるつもりでやれば済むだけのことだよ。国民のほうを煩《わずら》わしちゃいけないと思うな。

だから、志が大事だ。君たちが、いろいろ本を出したり、活動したりしているのを、私も知ってはいるけれども、志はいいんじゃないか。考え方を示してやらなきゃ、国民も分からない。啓蒙《けいもう》するにも、まず、啓蒙の手段が必要だからね。君たちは、思想としては、けっこう打ち出しているから、時代があとからついてくると、私は思うよ。

ただ、今はまだ、地上的な意味での政治勢力を持ちえていないところが残念だけれどもね。

でも、こういうときには、変に迎合《げいごう》しないほうがいいんじゃないか。後世に信を問うつもりで、自分たちの信ずることを述べ続ける。そういう愚直《ぐちょく》な人でいいんじゃないか。

まあ、長州《ちょうしゅう》には、吉田松陰《よしだしょういん》をはじめ、高杉晋作《たかすぎしんさく》、久坂玄瑞《くさかげんずい》、山県有朋《やまがたありとも》、伊藤博文《いとうひろぶみ》、木戸孝允《きどこういん》といった、錚々《そうそう》たるメンバーが、ダーッと出てきたが、私も長州人だからね、「国のために、志を曲げない」っていうのが、何だか、とても好きだな。

ま、先ほどの丸山さんみたいに、「頭がいいか、悪いか」というのもあるのかもしらんけれども、そりゃあ、所詮《しょせん》、人間が人間を評価した判断だろ？　それだけのことだろう。

それは入り口の判定の問題だろうけれども、そういうことではなくて、「結果として、後世に対し何を残すか」というほうで、〝試験〟の点数は出るものだと思わなきゃいけないね。政治家は、やはり、結果責任だよ。

だけど、まず、「動機」は必要だな。動機があって、結果責任を負うということだ。

「マルクスの亡霊《ぼうれい》」と戦うのは宗教の使命だ

「宗教ごときが、政治に口を出してけしからん」という批判もあろうけれども、いや、本物の宗教だったら、今の政治状況《じょうきょう》に口を出すのが当たり前だと私は思うな。日蓮《にちれん》だって、蒙古《もうこ》が攻めてきたときには口出ししとるだろう。当たり前だよ。「国が滅《ほろ》びるか、国民の苦難を招くか」という状況にあって、宗教家が政治に意見を言わないなんてありえないよ。

火あぶりになってでも意見を言うのが、宗教家の仕事だと思うな。

まあ、あなたがたが、多数派形成まで行けるかどうかは、ちょっと分からない。宗教もたくさんあるしね。なかなか、そう簡単な道のりではないように思う。

けれども、少なくとも、実際の活動をすることによって、多少なりとも世の中を啓蒙でき、そして、国が方針を誤らないようにすることができたならば、たとえあなたがたの手でできなかったとしても、結果的に他の政治勢力がそれをすることになったとしてもだよ、正しい政治方針の下《もと》に、この国の未来が拓《ひら》けたら、「以《もっ》て瞑《めい》すべし」だろうと思うね。

そういう意味で、あなたがたは、「幸福維新《いしん》」とか言っているけれども、それは本腰《ほんごし》を入れなければいけないんじゃないかねえ。

うーん、いや、でも、今、「救世主」として、正しく、その仕事をしているんじゃないかな。

宗教家も、平和のときには、心の安らぎを言っておけば十分だし、民《たみ》が苦しんでいるときは、心のトゲを抜《ぬ》くのが仕事だろうけれども、本当の国難になったら、そうは言ったって、やはり国民を護《まも》るための盾《たて》になるのが仕事なんじゃないかね。

フランスを護ったジャンヌ・ダルクだって、神の声が聴《き》こえたんだろう？　神の声が降りてくることはあるんだよ。

あなたがたはジャンヌ・ダルクとは違《ちが》うけどな、「この国、危《あぶ》なし」という神の声が、今、降りとるんだろう？

ジャンヌ・ダルクは、神の声が降りて、どうした？　平和裡《へいわり》に握手《あくしゅ》したか？　そうじゃない。戦ったんだろう？　戦わなければ、フランスという国はなくなったんだろう？　違うか？

神様のほうは、別に、イギリス人とフランス人とで差別をしているわけではないと思うよ。イギリスがイギリスの国として繁栄《はんえい》し、フランスがフランスの国として繁栄するのはいいけれども、「イギリスがフランスを滅《ほろ》ぼしてしまう」というのは、やはり許さないと思うんだな。

ドイツが繁栄するのは構わないけれども、「ドイツがイギリスを滅ぼしてしまう」というのも、神様は許さなかった。まあ、そんなところがあるな。

だから、中国がいくら発展してもだね、先ほどの丸山さんを見てお分かりのとおり、政治の中枢部《ちゅうすうぶ》は、だいたいあんな考えだよ。

「本当にそれが中国十三億の民を幸福にするのか。そして、そういう思想の下《もと》に日本国民が置かれることが、本当に幸福なのか。さらに、その思想の下に大中華帝《だいちゅうかてい》国《こく》が出来上《できあ》がって、今後、世界に広がっていくことが幸福なのか」ということだ。

これを、あなたがたは「マルクスの亡霊《ぼうれい》」と名付けているが、まさしくマルクスの亡霊が、世界を支配しようとしているんだ。

これは、ある意味で、人間の持つ弱さでもあるんだよ。認識力の低さであり、この世に生まれることの悲劇の部分だな。これと戦うのは、やはり宗教の使命だろうね。

君たちは、結果的に、称賛《しょうさん》は受けられないかもしれないよ。袋叩《ふくろだた》きになって終わりになるかもしれないけれども、それでも、正しい方向に国の舵《かじ》を取らせることだけでも成功したら、それで、命は捨ててもいいと考えるべきだと思うな。

宗教全部を糾合《きゅうごう》して、君たちの傘下《さんか》に置くことは、そう簡単にできることでもあるまいて。

D――　ありがとうございました。

大変な逆風のなか、信念を貫《つらぬ》いて、日本の未来を拓かれた岸先生の志に倣《なら》い、私たちも、「世界の平和と繁栄のリーダーとしての日本をつくる」という志を貫いてまいりたいと思います。

本日は、ご指導、本当にありがとうございました。

岸信介　うん。うん。

D――　それでは、質問者を替《か》わらせていただきます。

岸信介　はい。

3　東京裁判史観を見直すための鍵《かぎ》とは

Ｅ――　本日はご指導を賜《たまわ》りまして、まことにありがとうございます。

岸信介　うん。

Ｅ――　私《わたくし》は、幸福実現党の政調会を担当している○○と申します。よろしくお願いいたします。

岸信介　うん。

中国の政治が「欧米化《おうべいか》」のほうに進むことを祈《いの》りたい

E―― 岸先生は、東京裁判で、A級戦犯として容疑をかけられ、収監《しゅうかん》されましたが、その後、不起訴《ふきそ》になるという経験をされました。

ただ、それは六十数年前のことだけではなく、現在も、この東京裁判史観というものが、マスコミや政治家、特に民主党政権のなかに根強く残っています。

この歴史観の見直しについては、先生のお孫さんである安倍晋三《あべしんぞう》元首相も努力をされましたが、現時点で見るかぎり、成功したとは言えない状況《じょうきょう》です。

この歴史観の見直しを進めるに当たって、何がいちばんの鍵《かぎ》になってくるのでしょうか。この点について、ご指導いただければと思います。

岸信介 うーん。以前はね、「日本の旧植民地だった台湾《たいわん》が経済的に繁栄《はんえい》・発展し、共産主義を採用した中国のほうが貧しい」という結果が、明らかに分かれていた。

それで、「中国が貧しいのは、日本の侵略《しんりゃく》のせいだ」というような理由で、政治指導者はずっと言い訳をしていたけれども、最近、中国のほうも経済躍進《やくしん》が著《いちじる》しく、「共産主義でも成功できるのだ」ということで、ますます考え方を変えない状況にはあるな。

ただ、どうだろうかね。その戦争史観を言っている連中自身も、実際にはもう戦後の人になりつつあるからね。戦争中の人でなくて、戦後生まれの人がリーダーになってきつつある。

まあ、何て言うか、日本を脅《おど》して、何でもいいからもぎ取りたかった時代から、中国が世界のリーダーになろうとする時代になったのならば、向こうも、多少は考え方を変えなければ済まないだろうね。

戦争というのは、いつも悲惨《ひさん》なものだし、先ほど、イギリス、フランス、ドイツの例を引いたように、日本が中国を支配してしまうのも、向こうにとっては大変なことだろうけれども、かといって、中国が日本を支配していいわけでもないのだよ。

向こうから言えば、「日本は、中国の満州を攻《せ》め取ったり、韓国《かんこく》を取ったり、台湾を取ったりした悪い国」ということに、いちおう、なっているからね。だから、毒入りギョーザが日本で発見されても、「日本人が入れたのだ」と言い張ってね、本当は中国国内で入れられていても、国民がそれを信じるようなことが起きたりするぐらい、「日本人性悪説」で洗脳されている。

基本的には、まだ、言論の自由がないからね。自由に政府批判をさせたら、あっという間に瓦解《がかい》しちゃうよ。それは、ソ連を見て勉強したんだよ。だから、国の人口の多さから見たら、言論の自由は、そう簡単には許さないだろうけれども、教育によって、「日帝《にってい》が、いかに悪かったか」ということを、ずっと教え込《こ》まれたら、それは信じ込まされてしまうさ。

それを強く信じれば信じるほど、高得点が取れて秀才《しゅうさい》になり、共産党のエリートになれるんだろう? そういう教育をやられているから、抜《ぬ》きがたいものがあるけれども、ただ、今は、外国に留学する人も多いので、多少、違《ちが》った価値観を持っている人も、リーダー層のなかに増えてはきている。だから、中国も、もうちょっとしたら変わるのではないかという希望的観測を、私は持っている。

ま、経済界のほうは、ちょっとまた別な目で見ていて、鄧小平《とうしょうへい》以来、「金儲《かねもう》けと共産主義とは別である」というかたちでやっているので、そこの部分で、今のところは話が通じているのだろう。

だから、次の指導者に、「政治のほうも、多少、欧米化《おうべいか》に向かおうか」というような人が出てくることを祈るばかりだね。そうしないかぎり、国の意見というものを人民に押《お》し付ける思想操作は続いていくだろうからね。

今、かすかに、宗教復権の動きがあることはあるので、国際社会の仲間にいることによって、宗教的価値観や、人間の持つ自由の大切さみたいなものを勉強するようになってくることを祈りたいね。

日本は自虐《じぎゃく》史観のために政治的スーパーパワーを持てずにいる

いずれにしても、難敵だね。まあ、東京裁判史観については、あれこれ言う気はないよ。負けたら何をされてもしかたがないのでね。

それは、いまだにそうだ。サダム・フセインだって、大統領をやっていても処刑《しょけい》されるぐらいだからねえ。戦争に負ければ、そうなるのは、しかたがないよ。A級戦犯であろうが何であろうが、まあ、ご判定は自由だろう。

けれども、先ほど言ったように、神のお裁きは公平であろうから、一方が行きすぎたら、必ずバランスを取るように動いてくるとは思うよ。

だから、「日本が一方的に悪かった」という史観は、戦後の日本の繁栄でもって、ある程度、押し戻《もど》されたとは思うね。

ただ、日本も、ある意味では中国と一緒《いっしょ》で「政経分離《せいけいぶんり》」をしていてね。経済的にはスーパーパワーを持っているんだが、政治的なスーパーパワーは持っていないんだよね。

その自虐《じぎゃく》史観から見て、政治的スーパーパワーを持てていない。本来は、「日本に、もっと発言力を持ってもらいたい」という有色人種の国はたくさんあるんだ。アジア・アフリカ諸国等は、「有色人種の代表選手として、もっと欧米にもの申してもらいたい」という気持ちや、「自分たちの国についても、もっともっと、支援《しえん》、指導をしてもらいたい」という気持ちがあるのに、日本には、やや、そういう国際感覚に欠けるものがあるな。

明治以降の「脱亜入欧《だつあにゅうおう》」で、欧米を追いかけていた価値観はいいんだけれども、やはり、「先へ行った者の義務」はあるんじゃないかねえ。そういう意味で発展途《と》上国《じょうこく》の人たちを指導していく使命があるし、それだけの自覚が日本の政治家には十分にないような気がするね。

靖国《やすくに》問題でも、「参拝するか、しないか」みたいなことをやっているが、なんだか、ちょっと小さいなあ。考え方として、小さい。まあ、日本を完全復権させないための「ビンの蓋《ふた》」なんだろうとは思うけどね。

そんなに言われるんだったら、首相官邸《かんてい》の屋上にでも神社をつくったらいいよ。そうしたら、もう靖国に参拝しなくて済むから（会場笑）。なあ。「屋上に上がって、外を見ていました」と言ったら終わりだ。首相官邸の屋上に社《やしろ》を建てて、戦没者《せんぼつしゃ》の慰霊碑《いれいひ》をつくったらいいんだよ。

そうしたら、毎日のように参拝しても、文句の言いようがないからね。神社を屋上につくっちゃったほうがいいかもしれないね。

まあ、ああいうのは、客観的には内政干渉《かんしょう》だよな。

先の戦争はマイナスの面ばかりではない

「戦前の日本の軍人等は、全部悪人だった」というのは、私は納得いかないね。彼らは、知的にも体力的にも優《すぐ》れた人たちだったたし、八紘一宇《はっこういちう》と言っても、今の人にはもう分からないかもしれないが、鳩山《はとやま》さんの「東アジア共同体」ではないけれども、本当にアジアを解放する気はあったと思う。かなりの部分は本気だったと思うよ。

一部には、石油とか、原材料を手に入れたいという気持ちがあったことは事実だけれども、「ABCD包囲陣《じん》」（アメリカ、イギリス、中華《ちゅうか》民国、オランダによる対日経済封鎖《ふうさ》）を敷《し》かれたら、それは、しょうがないじゃないか。向こうも、それは知っての上だから。日本に資源がないのを知った上で、兵糧《ひょうろう》攻《ぜ》めをしたんだから、日本が死中《しちゅう》に活《かつ》を求めるのは当然でしょう。

最初から、日本を戦争に追い込むつもりであったのは、分かっていることだからね。「日本には資源がないから、これを止《と》めたら、日本は絶対に戦争に打って出る」というのを、欧米は知っていた。知っていて、日本をやっつけるつもりでいたんだ。

それはなぜかというと、日清《にっしん》・日露《にちろ》戦争、第一次大戦と、勝ち上がってきて、ちょっと生意気だったということだな。それで、白人のまねをして植民地まで持とうとしているあたりで、ちょっと許せなくなってきたというところはあるな。

だから、白人優越《ゆうえつ》主義は、やはりあったと思うよ。しかし、「アメリカには負けたけれども、ヨーロッパの国に負けなかった」というところは、アジア諸国はちゃんと見ているし、インド人なんかは特によく見ている。

インドは、イギリスにあれだけ長い間、百数十年も支配されていたけれども、同じアジア人が、そのイギリスを一蹴《いっしゅう》してしまったんだから、びっくりだよね。

これで、目指すべき方向が、はっきり見えたよな。有色人種は生まれによって劣《おと》っているのではなくて、知識や技術をちゃんと学ぶことによって、欧米と肩《かた》を並べることができるということが、はっきり分かった。

そういう意味で、先の戦争は、マイナスばかりではなかったと思うし、高天原《たかまがはら》の神々がかなり指導していた面があることは事実だ。神々のなかには「日本は負ける」という人もいたが、戦争を指導した人がいたのは事実なので、国民だけに、あるいは軍部だけに全部責任を負わせるのは、私は酷《こく》だと思うよ。

日本的な思想を広げたかったし、「アジアの奇跡《きせき》」を、やはり周りにも押し広げたかったという気持ちはあったんだと思う。
まあ、戦犯だとか、東京裁判云々《うんぬん》については、私は、今さら何も申し上げる気はありません。それは、「お好きにどうぞ」と言うしかないね。

E――　ありがとうございます。

4　私は日本の八百万《やおよろず》の神々の一柱《いっちゅう》である

E――　先ほど、高天原《たかまがはら》という言葉も出ていましたが、岸先生は、今、どのような世界に還《かえ》られているのでしょうか。
また、可能でしたら、過去世《かこぜ》において、どのような活躍《かつやく》をされてきたのかについても、教えていただければと思います。

岸信介　いやあ、この団体は厳しいね、なかなか（会場笑）。身元調査が厳しいので、私らも本当に往生《おうじょう》しとるんだ。なかなか厳しく追及《ついきゅう》してくるね。いやあ、日本の首相がどのレベルか知りたいか。ハッハッハッハ。

A級戦犯が天使じゃ具合《ぐあい》が悪いんだろう。どのくらいにしておこうか……。

まあ、どのくらいでもいいけれども、確かに、私は、日本の八百万《やおよろず》の神々の一人ですよ。『古事記』や『日本書紀』に出てくる者の一人です。それは間違《まちが》いない。「〇〇の命《みこと》」という、神々の一柱《いっちゅう》であることは、そのとおりですよ。

まあ、でも、誰《だれ》でもいいじゃないか。

あとは、ささやかではあるが、「天皇《てんのう》」という名前をもらったときもあったかもしれないね。うん。

それで、日本の高天原が、六次元にあるのか、七次元にあるのか、八次元にあるのか、それはあなたがたのご判断なので、私はよく知らないけれども、まあ、どうだろうね。あなたがたが呼んでいる世界から言えば、どのへんに当たるんだろうかねえ。

うーん、でも、こういう言い方をすれば、だいたい分かるのかな。「吉田松陰《よしだしょういん》さんらと、だいたい同じようなところにいる」と言えば、だいたい理解はできるかい？　ま、そんなところだ。

E——　ありがとうございます。

5　憲法改正と防衛力の強化について

客観的に見れば、日本が核《かく》を持ってもおかしくはない

E――　私たち幸福実現党は、外交・安全保障の分野では、憲法改正ということと、防衛力の強化ということを訴《うった》えております。

先日、ある霊人《れいじん》の方からは、「中国からヒトラーのような独裁者が出てきて、日本が侵略《しんりゃく》されることもありうる」ということを教えていただいています。

もし、岸先生が、今の日本の指揮を執《と》られるとしたら、憲法改正、そして、防衛力の強化という点を、どのように進められるのか、アドバイスをいただければ幸いです。

岸信介　これに、もう六十何年も引っ張られてるのかあ。

まあ、さっきの丸山さんの力も大きかったなあ。学界とマスコミが、全部引っ張られたところがあったかもしれないねえ。敗戦の反動が来たからね。

ただ、まあ、立場を変えてみればいいけどさ。イギリスだとか、フランスだとか、ドイツだとか、かつての先進国が、戦敗国の日本に追い抜《ぬ》かれていったんだからね。彼らの気持ちを、あなたがたはあまり考えたこともないだろう。でも、中国が強大化することで、そういうことを、今度、初めて味わうかもしれないね。

この次の戦争は、基本的に、もう核兵器《かくへいき》の時代に入っているから、本腰《ほんごし》を入れての「国家対国家」の戦争はやはりできないよ。今、核の削減《さくげん》もやっとるんだろうけれども、そらあ、日本はもっと言ってもいいわな。

核兵器を持っていない以上、言う権利があると思う。でも、「日本は悪い国であるから、核を落とされても文句は言えまい」という、こういう論理で来ているからね。

ただ、客観的に見て、中国に野心があることは事実だし、北朝鮮《きたちょうせん》を放っておけば、それは、核ミサイルをどんどん整備してきて、今、持っているミサイルがみんな「核付き」になってくるのは時間の問題なので、これを放置することはできないだろうと思う。

ただ、日本の精神年齢《ねんれい》が、子供だと思われている面がだいぶあるので、その日本が核武装《ぶそう》をするということになると、また、日本脅威論《きょういろん》も出てくるだろうから、それなりに難しいところはあるね。

だけど、客観的に見れば、北朝鮮が核兵器を持とうとしているし、ロシアには、もう余るほどあるし、インドもパキスタンも核武装しているという状況《じょうきょう》だからね。まあ、日本が持っていてもおかしくはないし、実際、欧米《おうべい》の国の人々の五十パーセントぐらいは、「日本が核を持っているのではないか」と思っているようだ。

「いつでも核兵器をつくれる」と言うだけでも抑止力《よくしりょく》になる

財政赤字のなかで軍事拡大をすると、予算上の問題が出てくるからね。だから、そんなに軍事予算だけを増大はできない。ならば、少なくとも、「核を開発する技術があって、何発かぐらいであればすぐつくれる」という状況にしておけば、安上がりで防衛ができてしまうんじゃないかね。

核兵器そのものは、おそらく、数百億円あれば核ミサイルを何本かはつくれるんだろ？　たぶん、百億か二百億もあれば一本つくれるんじゃないかと思うので、全体の国家予算を圧迫《あっぱく》しないでやるのであれば、「何発かぐらいだったら、いつでもつくれますよ」という準備をしておけば、十分な抑止力《よくしりょく》になるんじゃないかな。

現実には、核を使っての戦争はできない。もうできるものではないよ。アメリカだって、広島《ひろしま》・長崎《ながさき》の責任なんかは認めないけれども、もう実際に使おうとはしないよね。「人類に対する罪」で責められるから、使えやしないよ。

ただ、防衛上のことを考えれば、核兵器をつくる技術があって、「侵略《しんりゃく》目的を感じたら、いつでも、開発に取り掛《か》かりますよ」というスタンスは、やはり勇気ある政治家が取らなければいけないんじゃないかな。

まあ、このほうが安いんじゃないかと私は思うけどね。「日本が本気で取り組んだら、科学技術大国なので、大変なことになる」ということぐらいは分かるでしょうから、日本に対する脅《おど》しみたいなものは減ってくるとは思うけどね。

ちょっと、もう一回、長州人《ちょうしゅうじん》に出てきてほしい感じかなあ。ハッハッハッハ。まあ、薩摩人《さつまじん》でも、土佐人《とさじん》でも、それは構わないけれども。

まあ、これは、どこかで誰《だれ》かが、勇気を持って言わなければいけないかもしれないね。中国を相手にするとなると、ちょっと核兵器の数が多くなって大変かもしれないけれども、今、北朝鮮は数個から十個ぐらい持っているかもしれないと言われているんだろう。「その程度は、準備する用意がある」と言えるだけでも、十分、抑止力はあるだろうな。それは、たぶん、国家財政を破綻《はたん》させるほどのものではないだろうと思う。

E―― ありがとうございます。

憲法改正をしないと独立国家としての尊厳を保てない

E――　それから、岸先生が一貫《いっかん》して主張されていた憲法改正につきましてはいかがでしょうか。

岸信介　これはやらなきゃ駄目《だめ》だ。本当にやらないと、やはり、独立国家としての尊厳が、どうしても保てないね。
たとえ、文面が同じになったとしても、やはり、つくり直す手続きは必要だね。したほうがいい。

E――　憲法改正に関して、自民党のほうは、あまり強く主張しなくなっていて、今は幸福実現党のみが主張していると言ってよいと思います。私たちは、憲法改正を本当に実現するという、高い志で活動しています。

岸先生は、おそらくは、自民党のほうをご指導されているかと思いますが、幸福実現党につきましても、よろしければ、今後、ご指導を賜《たまわ》れればと思います。

岸信介　うん。まあ、物事は何でも最初は大変だろうと思うけれども、やっているうちに、だんだん楽になっていくからね。

今、一年ぐらいなんだろ？　大変だろうと思うけれど、五年もすれば、人材もそうとう育ってくるから大丈夫《だいじょうぶ》だよ。恐《おそ》れるほどのことはないし、今、自民だ何だと、いろいろなところでやっている人たちも、次第しだいに、仲間として参集してくるよ、いずれね。

核の部分がしっかりした状態で推進しておれば、思想に共鳴した人は集まってくるから、もう一頑張《ひとがんば》り、続けなさい。やっているうちに、必ず集まってくるから。

今、あなたがたが本気かどうか、続けていくのかどうかを見ているだけだから。続けていくというのであれば、たぶん、集まってくると思うので、焦《あせ》りすぎないで、頑張りなさい。

ここの総裁は、ずいぶん大胆《だいたん》なことを提言していて、政界もマスコミも、全部変えてしまうつもりでやっているんだろうから、それは、それなりにちゃんと伝わっていくと思うよ。

まあ、さっきの丸山さんみたいなのを説得するのは、難しいと思う。ああいうのは最後になるかもしれないが、普通《ふつう》の人は、多少なりとも、まともな感情があるからね。だから、本心から、「国を救いたい」と思っていることが響《ひび》いていくと思うよ。

Ｅ――　本日は、まことにありがとうございました。

岸信介　はい。

あとがき

私の先輩にもあたる東大法学部の生んだ天才肌政治学者・丸山眞男対、同じく信念の政治家・岸信介。両者の生前の名声と死後の行方《ゆくえ》を分けたものは一体何であったのか。それを読みとってほしい。

人間には頭の良し悪し以上に大切なものがあるのだ。

それが信仰であり、愛の心である。

現在の日本の政界にも安保世代の人々が権力を争っている。私のくだした審判《しんぱん》を心静かに受けとめてほしいと願っている。

二〇一〇年　四月末

国師《こくし》　大川隆法《おおかわりゅうほう》

日米安保《にちべいあんぽ》クライシス —丸山眞男 vs. 岸信介—

2010年5月21日　初版第1刷

著　者　大《おお》川《かわ》隆《りゅう》法《ほう》

発行所　幸福の科学出版株式会社

〒142-0041 東京都品川区戸越1丁目6番7号
TEL(03)6384-3777
http://www.irhpress.co.jp/

印刷・製本　株式会社 サンニチ印刷

落丁・乱丁本はおとりかえいたします

©Ryuho Okawa 2010. Printed in Japan. 検印省略

ISBN978-4-86395-043-6 C0030
Photo: Fujifotos/ アフロ

大川隆法最新刊・霊言シリーズ

民主党亡国論

金丸信・大久保利通・チャーチルの霊言

大物政治家の三霊人が、現・与党を厳しく批判する。危機意識の不足する、マスコミや国民に目覚めを与える一書。

第1章 小沢一郎への引退勧告 <金丸信>
違法献金問題への一喝／日米同盟を崩すようなら、民主党政権を絶対に倒せ　ほか

第2章 新しい国体をつくるために <大久保利通>
マッカーサー憲法を廃棄し、新しくつくり直すべき
欧米のまねではなく、新しい日本モデルをつくれ　ほか

第3章 中国に"ヒトラー"が現れる <チャーチル>
元寇以来の国家存亡の危機／国やマスコミのあり方を変えないかぎり、この国は守れないだろう　ほか

1,200円

福沢諭吉霊言による「新・学問のすすめ」

現代教育界の堕落を根本から批判し、「教育」の持つ意義を訴える。さらに、未来産業発展のための新たな指導構想を明かす。

1,300円

勝海舟の一刀両断!

霊言問答・リーダー論から外交戦略まで

幕末にあって時代を見通した勝海舟が甦り、今の政治・外交を斬る。厳しい批評のなかに、未来を切り拓く知性がきらめく。

1,400円

※表示価格は本体価格(税別)です。

大川隆法ベストセラーズ・霊言シリーズ

西郷隆盛 日本人への警告

この国の未来を憂う

西郷隆盛の憂国の情、英雄待望への激励が胸を打つ。日本を襲う経済・国防上の危機を明示し、この国を救う気概を問う。

1,200円

一喝! 吉田松陰の霊言

21世紀の志士たちへ

明治維新の原動力となった情熱、気迫、激誠の姿がここに! 指導者の心構えを説くとともに、現政権を一喝する。

1,200円

龍馬降臨

幸福実現党・応援団長 龍馬が語る「日本再生ビジョン」

坂本龍馬の180分ロングインタビュー(霊言)を公開で緊急収録! 国難を救い、日本を再生させるための戦略を熱く語る。

1,300円

松下幸之助 日本を叱る

天上界からの緊急メッセージ

天上界の松下幸之助が語る「日本再生の秘策」。国難によって沈みゆく現代日本を、政治、経済、経営面から救う待望の書。

1,300円

大川隆法ベストセラーズ・希望の未来を創造する

危機に立つ日本

国難打破から未来創造へ

2009年「政権交代」が及ぼす国難の正体と、現政権の根本にある思想的な誤りを克明に描き出す。未来のための警鐘を鳴らし、希望への道筋を掲げた一書。

第1章　国難選挙と逆転思考
第2章　危機の中の経営
第3章　危機に立つ日本
第4章　日本沈没を防ぐために
第5章　世を照らす光となれ

1,400円

創造の法

常識を破壊し、新時代を拓く

斬新なアイデアを得る秘訣、究極のインスピレーション獲得法など、仕事や人生の付加価値を高める実践法が満載。業績不振、不況など難局を打開するヒントがここに。

第1章　創造的に生きよう
第2章　アイデアと仕事について
第3章　クリエイティブに生きる
第4章　インスピレーションと自助努力
第5章　新文明の潮流は止まらない

1,800円

※表示価格は本体価格（税別）です。

大川隆法ベストセラーズ・混迷を打ち破る「未来ビジョン」

幸福実現党宣言

この国の未来をデザインする

政治と宗教の真なる関係、「日本国憲法」を改正すべき理由など、日本が世界を牽引するために必要な、国家運営のあるべき姿を指し示す。

1,600円

政治の理想について

幸福実現党宣言②

幸福実現党の立党理念、政治の最高の理想、三億人国家構想、交通革命への提言など、この国と世界の未来を語る。

1,800円

政治に勇気を

幸福実現党宣言③

霊査によって明かされる「金正日の野望」とは? 気概のない政治家に活を入れる一書。孔明の霊言も収録。

1,600円

新・日本国憲法試案

幸福実現党宣言④

大統領制の導入、防衛軍の創設、公務員への能力制導入など、日本の未来を切り開く「新しい憲法」を提示する。

1,200円

夢のある国へ――幸福維新

幸福実現党宣言⑤

日本をもう一度、高度成長に導く政策、アジアに平和と繁栄をもたらす指針など、希望の未来への道筋を示す。

1,600円

幸福の科学出版

幸福の科学

あなたに幸福を、地球にユートピアを――
宗教法人「幸福の科学」は、
この世とあの世を貫く幸福を目指しています。

幸福の科学は、仏法真理《ぶっぽうしんり》に基づいて、まず自分自身が幸福になり、その幸福を、家庭に、地域に、国家に、そして世界に広げていくために創られた宗教です。

「愛とは与えるものである」「苦難・困難は魂を磨く砥石《といし》である」といった真理を知るだけでも、悩みや苦しみを解決する糸口がつかめ、幸福への一歩を踏み出すことができるでしょう。

この仏法真理を説かれている方が、大川隆法総裁です。かつてインドに釈尊《しゃくそん》として、ギリシャにヘルメスとして生まれ、人類を導かれてきた存在、主エル・カンターレが、現代の日本に下生《げしょう》され、救世の法を説かれているのです。

主を信じる人は、どなたでも幸福の科学に入会することができます。あなたも幸福の科学に集い、本当の幸福を見つけてみませんか。

幸福の科学の活動

●全国および海外各地の精舎《しょうじゃ》、支部・拠点などで、大川隆法総裁の御法話拝聴会、祈願や研修などを開催しています。

●精舎は、日常の喧騒《けんそう》を離れた「聖なる空間」です。心を深く見つめることで、疲れた心身をリフレッシュすることができます。

●支部・拠点は「心の広場」です。さまざまな世代や職業の方が集まり、心の交流を行いながら、仏法真理を学んでいます。

幸福の科学入会のご案内

◆精舎、支部・拠点・布教所にて、入会式にのぞみます。入会された方には、経典《きょうてん》「入会版『正心法語《しょうしんほうご》』」が授与されます。

◆仏弟子としてさらに信仰を深めたい方は、三帰誓願式《さんきせいがんしき》を受けることができます。三帰誓願式とは、仏・法・僧の三宝《さんぽう》への帰依《きえ》を誓う儀式です。

◆お申し込み方法等は、最寄りの精舎、支部・拠点・布教所、または左記までお問い合わせください。

幸福の科学サービスセンター
TEL 03-5793-1727
受付時間 火～金：一〇時～二〇時 土・日：一〇時～一八時

大川隆法総裁の法話が掲載された、幸福の科学の小冊子（毎月1回発行）

月刊「幸福の科学」
幸福の科学の
教えと活動がわかる
総合情報誌

「ヘルメス・エンゼルズ」
親子で読んで
いっしょに成長する
心の教育誌

「ザ・伝道」
涙と感動の
幸福体験談

「ヤング・ブッダ」
学生・青年向け
ほんとうの自分
探究マガジン

幸福の科学の精舎、支部・拠点に用意しております。詳細については下記の電話番号までお問い合わせください。

TEL 03-5793-1727

宗教法人 幸福の科学 ホームページ http://www.kofuku-no-kagaku.or.jp/